三十而已，
最好的明天
還在等你

李尚龍／著

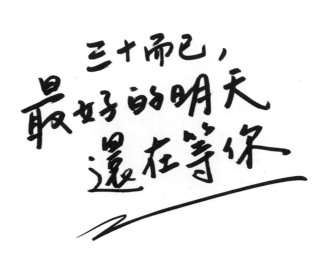

目錄 Contents

第一章　回顧軌跡，你的人設自己決定

第二章　守則雖有犧牲，但非常有用

第三章　轉折，讓你更強大的契機

後記　關於本書的這些那些

第一章

回顧軌跡，你的人設自己決定

人生的另一種可能

在上海參加一場活動，前一天晚上朋友請我喝酒，我又喝多了。

每次到上海，總有一群朋友請我去各種飯店和酒吧，目的只有一個——把我灌醉，讓我多說話。

我看了一部電影叫《蜘蛛人：新宇宙》。我很喜歡，於是那天晚上，就一直說這麼一句話：「假如有平行宇宙……」

看來確實是喝多了，卻難得睡了個自然醒。我一覺醒來發現鬧鐘沒響，趕緊看了一眼手機，上面顯示十一點，我馬上爬了起來，看了看今天的日程，還好，上午沒什麼事。

這些年，我已經習慣被鬧鐘叫醒，聽到鬧鐘響，絕不賴床，抓緊這一天的時間。有時候鬧鐘沒響，我在七點的時候也會醒來，揉揉眼睛，開始做一天的工作。

我當然要抓緊每一天，因為今年，我已經三十歲了。

拉開窗簾，陽光照亮、喚醒了每個角落，窗外就是黃浦江。江面泛黃，高樓大廈聳立在江的兩旁，船隻慢悠悠地漂蕩在江面上，幾隻快艇悠閒地靠在江邊，時不時能看到一些遊客在江邊自拍，小孩無憂無慮地奔跑著，大人穿著西裝奔走著。上海，又是一幅繁榮忙碌的景象。

今天是週一，是新的一週的開始，而我這個三十歲的大叔正在酒店裡寫著今天講座的講稿。下午，我要在一所高校演講，而我的主題就是：就業去何方？

這個問題很簡單，這些年我一直在課堂上跟同學說，如果可能，畢業後要去大都市工作，因為那裡資源多、人脈廣，你能有更多的可能。

不久前有同學提問：「尚龍老師，你當年為什麼選擇去北京發展呢？」

思緒一下子把我拉回到十多年前。那是夏天，大學入試成績剛出來，父親把我叫到了房間，對我說了很多話，唯一給我留下深刻印象的一句話就是：「孩子，你去報考提前錄取的公立學校，這樣家裡的壓力能小很多。」

那時家裡有兩個孩子，在同一年上大學，姊姊確定要出國，光是學費，就是很大的一筆開支。於是擺在我面前的，只有兩個選擇，一個是北京的軍校，一個是南京的軍校。

直到今天，我都很感激當年自己的選擇。那個時候，我正在家裡沒日沒夜地看電視劇《奮鬥》，總覺得到了北京，才叫奮鬥。

於是我選擇了北京。記得剛到北京時，不會抽菸的我在街邊買了包中南海，還一定要學著電視劇裡的臺詞，強調來一包「點兒八中南海」（老北京的象徵，許多北京人愛抽的菸），我覺得自己在北京的奮鬥開始了。

可是生活永遠不是戲劇，生活比戲劇殘忍，比戲劇殘酷。下了火車，我搭了輛車，車一路朝著西南方向開，越開越荒涼，才知道我的學校跟《奮鬥》這部電視劇裡的北京，幾乎沒什麼關係。看著跳錶的數字越來越高，我才發現自己上了賊車，這是我在北京交的第一筆學費。

我以為生活跌到了谷底，卻不知道，這一切才剛剛開始。接下來痛苦的訓練、不停歇的操課和寂寞的獨處占據著我的每一天。

但現在回想起來，又能如何呢？

一轉眼，我在北京待了十多年。雖然起跑點不佳，但沒有停下前進的腳步。只要你不停歇，在一個機會很多的城市裡，就有機會翻盤。

在軍校的三年裡，我學會了如何自學，學會了堅韌隱忍，認清了世界本來就是充滿困難的。在機會來臨時，我果斷決定離開部隊；在當老師的幾年裡，我意識到在這座城市想要成為一個優秀的人，就一定要終身學習、持續奮鬥；在網路教育興起時，我果斷決定創業，開啟新的一章；後來，我開始寫作、拍電影，我明白只有持續在路上，才有機會看到機會；在文化產業興起的時候，我出了第一本雜文集。

但這一切都有一個前提——我在十八歲那年，決定來到北京。如果不來北京，還會不會有現在的自己呢？我想也會。只不過，這時間或許會更長。

中國的發展很有趣，你會發現「北上廣深」吸引了中國大量的人才，各個省會也相繼吸引了一部分，而在越「下沉」的城市，越會發現人才是最難招聘的。

因為最先進的技術、最新的商業模式往往都在「北上廣深」，而這又是因為這裡有最厲害的一群人，所以這幾座城市的發展往往比其他的省會城市要快幾年。從省會城市到三四線城市，你又能明顯感受到市場和科技上的時差。

我曾讀過這樣一段話，大意是在美國，從事汽車業你可以去底特律，電影業你可以去好萊塢，想創業可以去矽谷，從事工業你可以到休士頓。但是在中國，不好意思，你只能去北京、上海這樣的大都市。僅僅是因為這些地方的機會更多，更壟斷了市場。

我不知道在中國，這樣的發展模式會持續多久，但是在城鄉差距越來越大的這些年裡，選擇甚至比努力還要重要。

所以在演講稿裡，我是這麼寫的：「如果你還在讀高中，大學入試報志願時，最好能選擇一個大都市；如果你想要考研究所，城市的選擇也很重要。雖然大都市有一大堆的問題，你或許生活得也沒有在家鄉那麼舒服，但整體來說，那裡有更多的可能，這種可能叫做希望。」

在北京的這些年，我漸漸地認識了很多朋友，知道了很多事情，有了一些社會資源。從孤零零的一個人在這座城市漂泊，到現在姊姊在北京成家，爸媽經常來看看，朋友越來越多。我更能感覺到家的溫暖和生活的美好。

有時候，生活的疲憊讓我忘記了什麼是奮鬥和拚搏，我會出差換個城市，感受一下那座城市的速度和溫情、不一樣的風土和人情。

去了那麼多城市，都有不同的感覺，但每次來到上海，看著忙碌的街道，看著步履飛快的行人，總會有一個想法倏忽而至：我的另一個可能，會是在上海。

如果有平行宇宙，上海的那個我，現在又會在做什麼呢？

我曾在日記本上寫給自己這樣一段話：「在每個大都市，都有數不清的勵志和淒涼的故事，每一個人都在這裡書寫著屬於自己的傳記。那些轉折、遞進，那些句號、問號，那些段落、篇章，都是只屬於自己的故事。在生命結束前，我們都會寫下最後的句號，如果是你，你會希望這個故事是什麼呢？」

至少在這些年，我做到了讓自己的故事足夠精采，哪怕直到今天，我依舊不算很成功，但至少，我對過去的奮鬥歲月無怨無悔。

每次來到上海，都是參加各種活動。但我總是會在一天的活動結束後，一個人到外灘吹著江風走一走，就像在北京時，如果我寫不出東西，就會一直沿著三環路走到走不動為止。那是屬於自己的時光，你能有很多時間去思考這些年的過往。許多往事總是歷歷在目，人會看到自己這些年的變化，會看到自己寫在臉上和心裡的滄桑，同時，也能看到生命裡的曙光。

其實前一天雖然我在上海跟一群朋友喝多了，但是我都記得。

一位朋友對我說：「尚龍，你要多來上海啊。」

另一位朋友說：「你乾脆在上海開個分公司吧！」

但在回酒店的路上，我的腦海裡一直迴盪著這麼一個聲音：「如果有平行宇宙，我的另一個可能，會是在上海。」

可是那個我在做什麼？那個我跟現在的自己有什麼不一樣嗎？那個我現在過得幸福嗎？那個我成家了嗎？有小孩了嗎？小孩是男孩還是女孩啊？想到這兒，我忽然有些感傷，因為每個人就只有這麼短暫的一生。但我明白，那個平行宇宙裡的我，無論什麼模樣，都會跟現在的我一樣，一直在努力，從來沒放棄。

那麼上海的那個傢伙，我在這個時空為你加油。希望你永遠不要放棄，永遠在路上。

三十歲，真正的人生才剛剛開始

看了一則貼文嚇了我一跳，上面寫說：「二十一世紀的小孩出生了。他們會怎麼看待我們三十歲這個世代呢？嗯，就跟我們看五十歲的世代一樣吧。」

這時光，真殘忍。

我趕緊想了想，我是怎麼看五十歲世代的，卻忽然愣住了。因為我的腦子裡並沒有一種特定的形象，相反，在我的腦海裡出現了兩種人：一種逢人便教訓，見人就批評，大腹便便，高高在上，不學習，不鍛鍊自己。另一種風度翩翩，和年輕人做朋友，好學，經常充實自己，謙虛微笑。

這兩種人，都是五十歲世代，但是他們截然不同：第一種已經老了，第二種依舊在路上。

因為人和人不能用生理年齡來區分，更不能十年、十年地來劃分，人和人的區別，有時候比人和動物的差別還大。所以等二十一世紀之後的孩子長大，他們是不是也會這麼一分為二地看我們這代人呢？

當然會。

我想，至少我要努力做到，讓這一代的孩子，在幾十年之後，能喜歡我，而不是討厭我。

我想起了我的父親。

父親在部隊待了二十多年後，自行轉業決定進入保險公司，從高高在上，到有求於人。一晃眼，他在這個行業待到了今天也快二十年了。

這二十年裡，他每天鍛鍊自己身體，每天學習，直到今天，竟沒有多少白頭髮。他獲得了保險從業資格證，考過了許多年輕人都沒有通過的考試。要知道，他已經六十多歲了。

前陣子我陪父親參加他的同學會，看到一群頭髮斑白的人在那裡指點江山，他們一邊喝著酒，一邊吹噓著自己的一生。父親待了一會兒，就帶我走了。

從遠處看，父親像是他們的學生，而這些人比他老太多。

這些年我時常跟父親走在街上，別人告訴我，我哥看起來真帥。我聽到後又自豪又沮喪，但父親教給了我很重要的價值觀：永遠學習，才不會老。雖然我們無法阻擋時光流逝，但我們可以讓心靈保持年輕。

我一直不太喜歡把人的年齡分級，那種分法，只是生理上的分割，並不合理。我見過很多二十幾歲卻從不學習的年輕人，也見過六十幾歲還在路上奔波的長者，前者已經老了，後者依舊年輕。

我在網上看到了一則貼文：「你有沒有什麼特別『相見恨晚』的知識想跟年輕人分享？」一則留言映入眼簾：「不要相信太多實際上能力 level（水準）不高，但是年齡很大長輩的話，尊敬他們，但不一定要相信太多『老人言』。你需要想想，是他們的想法讓他們變成現在的樣子，除非你願意像他們那樣過，不然就去尋找自己的路。」

同理，也不要相信每個年輕人未來都是有希望的。很多年輕人一眼就能望到盡頭，等他反應過來時，早已來不及了。就像那句俗語：「二十幾歲已死，八十幾歲才埋。」

所以，人到底什麼時候才算變老了呢？

我的答案是，不學習的時候，沒進步的時候。

我曾經聽過一種說法，非常有道理，說每個人都有自己的巔峰時刻，自那之後，你就會開始變老。例如一位從北大畢業十一年的朋友，他所有的社交媒體帳號上還寫著「PKU（北大縮寫）×××」，我知道，他已經老了。一個人已經從學校畢業十一年了，還把自己大學入試時的巔峰狀態作為人生的名片，那他之後的日子，也就只剩下衰老了。

還有一位朋友，畢業十年，還在一次次提及自己當年英語演講比賽的成績，而這個牛已經吹了十年。輝煌時刻已過，剩下的就只有衰老了。

當然，你可能會辯駁，誰都是這樣啊，每個人都會走下坡路啊，人怎麼可能一輩子都在巔峰時刻呢？

其實不然，**有兩種方式可以讓人減緩衰老：**

第一，尋找一個偉大的目標，用一生完成。

當然這個目標要足夠大，大到許多人一看到都覺得你太好笑了，例如你要改變世界。

我剛認識樊登老師時，問過他的理想，他說希望中國有三億人可以因為他而讀書。我心想，三億？嚇死人了。可是，隨著時光的流逝，他每一年的業績和會員都在增加。我想，他還是會這樣一直年輕下去。

當你的理想被人嘲笑時，記住別被別人的眼光左右，被評價綁架，更不要拿自己的青春為別人的言論買單。

埋首去做，一點點靠近它，放心，所有笑你的人，最終都會笑不出來的。只要你的目標足夠大，需要用一生的時間完成，你就會永遠在路上，就算皺紋長到臉上，至少它不會出現在心裡。

第二，做一件持續升值的事情，直到永遠。

許多職業都具備這樣的特點，例如作家、老師。

越往後，你的職業越值錢，隨著你的讀者越來越多，學生越來越多，你的巔峰時刻永遠在明天。俞敏洪老師在《我曾走在崩潰的邊緣：俞敏洪親述新東方創業發展之路》裡講過一個故事，新東方去香港、新加坡募資，他剛講了幾句，臺下的投資人就說：「俞老師，你別講了，告訴我們你們要多少錢。」後來一問，他們都是他當年的學生，學成之後他們出國留學了，再後來回到國內或待在國外，都成了投資人。

當你的職業隨著年紀的增加越來越值錢時，你也就很難衰老，至少內心深處是這麼回事。

但不知道你是否發現，這兩種減緩衰老的方式，都需要具備這樣一種能力，那就是：遠見。

我曾經在《你的努力，要配得上你的野心》裡寫過一篇文章叫〈做一個有遠見的人〉，**當一個人的眼光像探照燈一樣，照耀著遠方，他的未來一定不會差**。

人到了三十歲，應該多考慮未來的事情：這件事在十年之後，會成什麼樣？這個職業在我四十歲時是加分還是扣分？這份工作在我老年時還能不能做？

換句話說，你做的這件事，是短期獲益還是長期獲益？你玩的是有限遊戲，還是無限遊戲？你是看著現在，還是盯著未來？

前些日子，我在高鐵上讀完了《褚時健傳》，雖然他跟我不是同一個年代的，但我震驚於他將每件事都設置了一個三十年計畫。對於每件事，他都提醒身邊的同事，多考慮考慮以後，別總是盯著現在。就算出獄時，他還把哀牢山上的農場包下三十年種植橙樹，那個時候他已經七十幾歲了，雖然很多人都預測他活不了那麼久，但他在八十五歲的時候，東山再起，成為身家億萬的「橙王」。

讀完這本書後，我在網上搜索了褚時健的照片，他雖然頭髮斑白，卻鶴髮童顏，看不到一絲蒼老。

在上海電影節，我見到了自己一直很崇拜的閻建鋼導演，他的電影《甜蜜》剛剛殺青了。那晚他一直在調侃自己的頭髮是染成白色的，每一個見解都把我們逗得哈哈大笑。一個晚上時間過得飛快，我們續第二攤時，導演喝了一杯酒，說他正準備下一部電視劇，準備做些其他有趣的事情，說他其實是一九五九年生的……瞬間，我就被震撼了。因為，他竟然比我父親的年紀還大一歲，但我完全只感受到他的青春。

是啊，**在路上的人，不會蒼老，一直在進步的人，也不會衰老**。

而三十歲，或許人的巔峰才剛剛開始。

一個小人物的超級英雄夢

在可倫坡的一家酒吧，我看到一位歌手在唱歌，酒吧裡零零散散坐著幾個歐洲中年人，毫無興致地喝著酒、聊著天。臺上的歌手堅持地唱著，就好像所有人都在用心地聽著。

但事實上，沒有人在聽。這世界總是如此，沒有人看到你的認真，大家只在乎結果，只有你自己關注過程。

一首〈Say You，Say Me〉結束，臺下鴉雀無聲，於是我和朋友鼓掌歡呼，然後發現只有我們在鼓掌，周圍一片冷漠。臺上的燈昏暗地照著臺上的臉，歌手在臺上，羞澀地說了聲 Thank you。

中場休息時，他拿了一杯酒，走到我們的桌子前聊天，我才知道他離家三年，一直喜歡音樂，但沒有大公司願意簽他。

爸媽要他回老家種地，但他自己覺得還能堅持，因為熱愛音樂，而且還不到三十歲，正值奮鬥的年紀，於是他選擇在酒吧唱歌。他說待會他會唱一首自己寫的歌，問我們會不會聽。我點了點頭，陷入了沉思。

多麼老套的故事，主角像極了每個在北京、上海、深圳打拚的年輕人。每個大都市的夜晚，都滲透著故事，它們以歲月為載體，扎根在每個二十多歲的年輕人的心臟。

於是我問他：「How do you feel like this?」

我的本意是，問他對自己的歌曲的感受。但他理解成我在問臺下只有這麼幾個人，這種尷尬是什麼感覺。於是他說：「At least you like my song, I am happy.」（至少你們喜歡我的歌，我很開心。）說完後上臺，又唱了一首歌。

他唱得很高興、很投入，像融入了這個城市的夜空。我聽了一會兒，留下了一千盧比，請服務生確保這些小費會交給臺上的歌手，服務生點點頭。我請他轉達，告訴這位歌手他唱得不錯，然後轉身離開了酒吧。走到門口時，那個歌手喊了出來：「Thank you sir, I will do my best.」（謝謝你先生，我會盡全力的。）

我忽然明白了，其實每個人在傾盡全力做自己喜歡的事情時，都是自己的超級英雄，哪怕前方的路一片迷茫，至少自己是微笑著的。

每個國家的追夢人都很像，從農村到都市的人，都希望自己成為超級英雄，希望自己身披鎧甲，騰雲駕霧，哪怕被命運打垮，哪怕被這社會弄得遍體鱗傷。

這些年，我對所有為了追求夢想而高聲歌唱的人，有著不可阻擋的喜愛。

那天回到酒店，我打開電腦，剛好看到平臺在推薦一部電影《天氣預爆》——講一個普通人，被莫名其妙地賦予了超能力，就算遍體鱗傷，也要堅持到底，別人可以笑他，但自己要有骨氣，別人可以讓他認命，但自己不能認輸。他像極了那個酒吧裡默默無聞的歌手，雖然一無所有，但還傻傻地堅持著。

我對這樣的電影並不感冒，但一看導演愣住了，是肖央。

我看完了那部電影，拿出手機傳訊息給肖央：「看了你的電影，我懂你的意思。」

他很快地回覆我：「看到你跑去斯里蘭卡，無論你在哪兒，祝你一切都好。」

二十幾歲時，我在一個活動中認識了肖央，那時他還不到四十，我們相見如故，每次喝酒總是酩酊大醉，我喜歡在喝多時把手機音量調到最大，放他的歌，相比〈小蘋果〉，我更喜歡〈老男孩〉的純粹、〈猛龍過江〉的熱血，還有〈我從來沒去過紐約〉的深情。

肖央很喜歡拍小人物的英雄主義，因為他自己就是這麼一個人。從《老男孩》起，他就拍了兩個落寞的英雄，雖然輸了比賽，但用一首歌贏得了觀眾的心，他們就是自己的超級英雄——無論結果如何，自己盡了全力。

老肖喜歡英雄的態度是明顯的，一個曾經落魄的普通人，自然喜歡英雄。從《老男孩之猛龍過江》中的兩個臆想出來的英雄，到《天氣預爆》裡一個不得志的自殺防治醫生，這都是小人物的英雄主義——你可以瞧不起我，但我不能辜負自己。所有的表達，都是自我的敘述。

我在網上看到了很多對《天氣預爆》的劣評，本想安慰老肖，但想了想，什麼也沒說。因為英雄總是在自己的世界裡，他們不需要別人的安慰，只有自己的成就，才是最大的安寧。

想了很久，我給老肖發了訊息：「過幾天我回北京，咱們喝酒吧。」

他賤賤地回了個表情：「Why not?」（為什麼不？）

肖央的目標是成為一名畫家，他十多歲時來到北京，報考中央美術學院，第一年落榜。第二年，他奮起直追，沒日沒夜地複習，躲在一個小房間裡，終於考上。

從學校畢業後，他一直飄蕩在北京的各個角落，接一些廣告，賺了一些錢。那段日子，他入不敷出，賺來的廣告費只夠他勉強維持生活。

但他不服輸，決定追求自己的夢想，在無數冷眼中，他放棄了拍攝商業廣告。這一路，只有王太利支持他，後來他們組成了「筷子兄弟」。二〇一〇年，一首〈老男孩〉紅遍了大江南北。

再後來，他們有了家喻戶曉的〈小蘋果〉。每次走到街上，總有媽媽來到他身邊，說孩子是聽他們的歌曲長大的。他就在一旁笑，然後給人簽個名。

我經常問他：「你想過自己會紅嗎？」

他說：「我從來沒想過，直到今天，我還是不太適應出現在人群中。」

二〇一九年，我邀請肖央參加我的新書《人設》的發表會。他說：「我非常害怕自己有人設，因為當你有人設時，你可以是任何人，唯獨不是你自己。」我點點頭，問：「那你覺得你現在是自己嗎？」

他沒有直接回答我，而是說：「無論誰怎麼看我，怎麼希望我，我就是我自己。我沒有人設，我過的是人生。」

生命的無常往往決定於人對生命的態度，人必須傾力而為，老天才會助力相推。人的前行就像騎單車，人在左邊蹬，命運在右邊踩，而任何人，都有自己的單車。

我很喜歡肖央，因為在他的電影裡，我能看到像周星馳作品裡那種小人物一樣的倔強，他們對命運不投降，在挫折中保持堅強，他們沁透著渴望，他們被逼無奈，卻依舊騎著單車，試圖飛翔。

我問過老肖：「如果當初你沒紅，還會繼續唱歌嗎？」

他說：「我會，我又不是唱給別人聽，我是唱給自己聽的。」

是，如果沒人聽，那就唱給自己聽吧。

我經常會被問到類似的問題，這些問題都以這樣一句話作為前提：「我是一個普通人，我是一個小人物，那麼……」

這很奇怪，誰又不是普通人，誰又總是大人物？這不是人不作為、不努力的理由，更不是放棄前程的藉口。

電閃雷鳴耀夜空，暴雨狂風又彩虹。那些磨難，都是讓自己進步的經歷，無論結果如何，至少自己不後悔。

肖央說：「**只要你心裡晴朗，再壞的天氣也不會怕**。」

一個小人物，也可以有超級英雄夢；一個普通人，也可以體面地奮鬥。就算奮鬥後還沒有結果，至少要保持一顆晴朗的心，至少，能在三十歲後，告訴自己：「我無怨無悔。」

成為強人，是你一生的功課

有一次，我跟一群電影人在一個聚會裡聊天，宋方金老師講了一個故事：

從前，一個武士在樹下乘涼，忽然感覺到一股水從天而降，一聞是臭的。他一抬頭，一個小孩在樹上正朝著他尿尿。他站了起來，彈了一下小孩的私密處，笑嘻嘻地說：「你真可愛。」說完，他把孩子抱了下來，拍了拍孩子的腦袋，讓孩子走了。過一會兒，一個秀才也爬到了樹上，對著武士尿了泡尿，武士抬頭看到了那個秀才，二話不說站起來，一刀就砍死了他。那麼請問這個故事裡，誰是惡人？

大家議論紛紛，有人說小孩是惡人，因為他是第一個站在樹上對人尿尿的人。有人說秀才是惡人，這麼大的人了，還站在樹上學孩子對別人撒尿，不尊重人。大家討論著，直到我們都忽然意識到，真正的惡人，其實不是別人，是武士。

他憑什麼覺得秀才就是大人，所以砍死他？憑什麼覺得小孩就是小孩，所以放了他？僅僅是因為他們的長相，僅僅是因為身材嗎？他憑什麼用自己的思想決定別人的邊界？那個小孩可能是一個侏儒嗎？那個秀才可能是一個智障者嗎？還有其他可能嗎？這些事情都沒有被考慮到，而武士只是按照自己的邏輯和經驗就為別人的生命做了決定，這樣的人還不夠惡嗎？

我們得到了一個有趣的結論：在這個故事裡，限制別人的人，就是惡人。其實，在生活裡，限制別人的人，也是惡人。而這樣的惡人，比比皆是。

我寫的小說《人設》歸根究柢是想告訴大家一件事：二十幾歲的人，應該像雲彩一樣，被風吹過的地方，就是你可以成為的模樣，而你可以成為任何你想成為的人。

我之所以這麼說，是因為我在二十幾歲時，就是這麼過的。在這種突破中，我受益良多。

在有了點名氣後，我在網路上遇到過很多不友善的言論，說實話我已經百毒不侵了，也不在乎這些話是怎麼評價我的，但有一種言辭，直到今天，依舊能讓我感受到對方深深的惡意，那就是：「你還是好好當老師吧。」

可是，你憑什麼呢？

我雖然不會為這種話動怒，但可以理解這種話的潛臺詞就是這種武士的思想：他正想用自己片面的思想決定你的邊界，用自己的武士刀終結你的突破。最可怕的是，你還沒有對著他尿尿。

仔細想想，我們身邊有多少人，用著這種武士的思想，限制著我們的人生。當你想換職業時、想考研究所時、想換個城市生活時、想換個男朋友時……身邊總有這樣的聲音：「你還是保持原樣好了。」

當一個人想要有所突破時，他會忽然發現，身邊人都是一些武士，拿著刀揮舞著，對著樹上的自己。

直到今天，我依舊感謝二十幾歲時的自己，那位勇敢堅強、善良倔強、持續突破自己的界限、一次次成就更好的自己。其實，當我每次在決定轉型做點不一樣的事情時，身邊總有這樣的惡語：「你還是好好當兵吧、你還是好好教英語吧、你還是好好寫作吧、你還是好好打工吧……」這些聲音，就像樹下的那個武士，他瘋狂地朝你揮舞著砍刀，要置你於死地。

但你唯一需要做的，是堅持一顆改變的心，但凡決定要改變，就一定要勇往直前，努力朝著前方，這些比什麼都重要。

寫到這兒，我想起了一位好友程一的故事。

程一是一位婚禮主持人，他自嘲說，就是在婚禮現場臺上比新郎還高興的那個人。他一天到晚大聲喊著「愛情果，一線牽，象徵浪漫好姻緣」，喊到聲嘶力竭，喊到熱淚盈眶。

他主持過很多場婚禮，卻唯獨遇不上自己的愛情。在一次次的打擊和刺激下，他決定轉行去北京找工作。

身邊的聲音不停地在說：「你去北京幹嘛？河南還不夠你發展嗎？就你這個長相和聲音，你能去北京發展嗎？」

武士朝他揮著刀，但他巧妙地躲過了。他硬著頭皮，到了北京，先後投了好多份履歷，都被拒絕了。對方不是說他學歷不高，就是挑各種理由不要他。

有一次他去一家電臺面試，一個中年女人問他：「你喜歡誰的歌？」

程一說：「我喜歡劉德華的歌曲。」

那個女人陰陽怪氣地說：「他都已經過時了，你還聽他的歌！趕緊走！走快點！就這樣還想當ＤＪ呢！還是回家吧。」

這世上，果然都是這樣的武士，都是這樣的武士刀。

但他依舊沒有放棄，在多次找工作被拒絕後，他在家裡反思。既然世界不要我，那我要想辦法自己做。於是，他開始創業了。

誰也沒想到，他戴上了面具，決定不靠臉，用聲音感動每一個孤單的靈魂。就這樣，他設立了程一電臺，陪伴無數失眠的人，他堅持每天陪伴遠方的陌生人，堅持每天錄音直播。幾年後，程一電臺從默默無聞，變成了中國最大的深夜成長陪伴類電臺。很快這家公司也得到了投資者的肯定，讓程一電臺如虎添翼。他開始招聘工作夥伴，工作室也從社區的公寓搬到了辦公大樓，許多人聽說了他的團隊，紛紛來應聘。其中一個中年女人的到來，讓他回到了那段他最窘迫的日子，因為這個女人就是當初那個轟他走，講話陰陽怪氣的武士。

她來面試時，程一還戴著面具，她自我介紹了半天，程一十分冷靜，問她：「請問你喜歡誰的歌？」她說了好多人。程一又冷靜了一下，說：「你喜歡劉德華嗎？」

那個人很想從程一的微表情裡得到答案，但她眼前只有一張電影《Ｖ怪客》

中男主角所戴的面具。她還算誠實地說：「還好。」程一笑了笑，說：「那不好意思，我們只招喜歡劉德華的人。」說完他站了起來，轉身走出了房間，不留下一片雲彩。

就這樣，故事情節反轉了過來。這傢伙講這個故事時嘴裡還叨唸著：「莫欺少年窮，少年也能出英雄。」現在他越來越有自信了，一去KTV就點劉德華的歌，唱得也不好聽，但就是喜歡唱。這搞得我們現在手機裡放的都是劉德華的歌，每次一起出差，我們都感覺「冷冷的冰雨在臉上胡亂地拍」。但好在他成為了自己想要的樣子。一個自信的人，總透著對命運的不服輸，對世界圍剿的不低頭，對武士揮刀的不妥協。

其實，當一個人可以努力朝自己想要的目標前進時，他也就逐漸不會去在意別人的眼光了。

在許多場合裡，我都在鼓勵二十幾歲的朋友：「無論你是誰，都請你努力活成自己的模樣。」**因為無論你做不做自己，總有人不喜歡你，但如果你做自己，這個世界上就多了一個人喜歡你，這個人就是你自己**。

我曾經寫過，我們是人類，但不是一類人，而我們終其一生，就是要找到我們的同類，和他們為伍，和他們並肩。

程一在自己三十歲那年，減了二十公斤，每次他見到我，都要自誇一番。但他的自誇方式很奇怪，他總會說：「龍哥，我覺得你胖了至少有二十公斤呀。」我說：「程一，你減肥有什麼用，別忘了你戴著面具，大家並不會覺得你很努力，只會覺得面具下換了個人嘛。」

但在他的鼓勵下，我也開始健身了，很快地我也瘦了十幾公斤。那天我去他們公司，我驚訝地發現，他們公司的夥伴們都在減肥。程一很高興地告訴我：「龍哥，你看，只要你按照自己的想法去活，就會成為別人的光，成為別人的燈塔，感染每一個人。」程一自己說得很感動。我跟他開玩笑，說：「老弟，不要自作多情，我問了你們公司的年輕妹，傳言在這家公司，如果不像老闆一樣減肥，好像是要被開除的。」

程一的故事告訴了我一個道理，人這一生可以有無數種可能，你可以成為自己想成為的樣子，只要你永遠逆風乘風破浪，飛奔在屬於自己的路上。

二〇一九年我二十九歲，在二十尾巴的這一年，寫了小說《人設》。不知道當這本書出版時，改編的電視劇是不是已經在製作中了。

在寫《人設》的時候，我還在教課，白天我在故事裡遇到那些戴著面具的人，晚上我又看到一群二十歲出頭的孩子。在課上，我總告訴學生，不要限制你的可能，也別讓你的人設毀了未來。

他們很好奇問道：「我們學生哪有人設啊？」

是嗎？當你選擇了某項專業，進入了某所學校，去了某座城市，這些標籤都貼到了你的生活裡，成了你人設的一部分。所以，你學的是電腦專業，是不是一定不能成為作家？你學的是英語專業，是不是一定不能成為主持人？不是，只要你還相信，人設設計不了未來，未來的多樣性掌握在你的手上。千萬別讓別人告訴你你不行，你才是自己的主宰。

隨著逐漸成長，你總會在人生的路上，遇到這樣或者那樣的武士，這些人說著什麼、做著什麼，他們可能是好心，也是好意，但他們最終做的事情，都是在限制你的可能。如果說這個世界裡真的有惡人，那麼這些人在你的世界裡，就是。

我經常說，三十歲前，要讓自己拚命用加法，這樣到了三十歲後，才能有機會給自己用一些減法，做到「斷捨離」。

《雙城記》裡說：「這是最好的時代，也是最壞的時代。」這句話放在這個時代，依舊適用。對那些不敢突破自己的人來說，當然這個時代很壞，壞到讓你每天的生活一模一樣，大數據會根據你的喜好強化你的喜愛，讓你永遠成為那個單調生活的人。想想網上的那些影片，你喜歡什麼，大數據就會限制了你的喜好，設定了你的界限，直到有一天，你沒有了自己。

但對那些敢於探險、敢於突破自己的人來說，這個時代，充滿著美好，因為這個時代的上升途徑是最多的，有無數種可能幫我們到達彼岸，只要你還相信，只要你還一直在路上。

別被惡人打敗，記住：成為強者，是你一生的功課。

你只是看起來很極致

我有一個好朋友叫「剽悍一隻貓」，他是個網紅，曾經也是個英語老師。

我跟「剽悍一隻貓」相識在一個飯局，我們這個文化圈在北京沒事就相招吃飯。第一次見面時我就斷定，他是一個行為極致的人。

六個人的飯局，一般人覺得點六樣菜就夠了，優秀的人點七到八樣，「剽悍一隻貓」卻點了十道菜，還加一個湯。

當時我就覺得，這個朋友連點菜都那麼極致，要交。

後來是我買的單，買單的時候，他走到我面前說：「尚龍老師，你這個朋友我交定了，你真是一個極致的人。」接著，我們就成了朋友。

之後我才知道，他是個很極致的人，那頓飯是我和他吃飯唯一一次我買的單。他記得買單的每個人，並且會加倍奉還給他們。他之所以喜歡買單，是因為他信奉一個原則：和強人交朋友、向強人學習是唯一的出路。

他原來是一個學校的老師，因為不滿學校制度化的管理而辭職。很快地他就意識到，學習知識，是世界上最重要也是最便宜的躍進方式。

於是，他開始每天讀書、線上聽別人的課。有一次，他在網上看到一個喜歡的老師在上海有座談會，立刻買了張從重慶到上海的車票，約這位業內前輩見面，那時他的口袋裡只剩下兩千塊錢。

前輩來到咖啡廳，他遞上一張餅，說：「怕您沒吃飯，您一邊吃，我一邊跟您聊天吧。」

前輩笑了笑說：「我還真沒吃。」

直到今天，他已經成了知識付費圈裡的重要人物。他的很多粉絲都在問我，他是怎麼從默默無聞變成了現在的樣子。

我說：「我不太了解他的商業模式，但我知道，一個尊重知識的人，自然也會被知識尊重。」

不知道你有沒有發現，在這個世界上，做到優秀已經不夠了，因為優秀的人比比皆是，而且衡量的標準從來都不一樣。所以，你必須做到卓越，卓越到每個人看到你都會豎起大拇指。

那什麼是卓越呢？卓越就是把自己擅長的領域做到極致。只有極致的人，才配得上精緻的生活。

我和「剽悍一隻貓」都是英語老師出身，現在在不同的行業奮戰。各位可能不知道的是，中國是世界上英語老師最多的國家。所以在這個行業，優秀是不夠的，你必須做到極致才能脫穎而出。

前些日子，央視主持人劉欣和美國的主持人翠西·雷根在電視上辯論。許多人都驚歎於劉欣老師的口說能力，但誰也不知道，劉欣老師是中國第一位贏得世界英語演講比賽的冠軍。也就是說，她的英語和表達超過了全世界許多甚至以英語為母語的演講者。

我和她相識在二〇一〇年的一場英語演講比賽，她是評審。直到今天，我還記得她曾問我以後想成為什麼樣的人。我說：「我想當英語老師。」她歎了口氣說：「那你的職業生涯可能會很艱難。」

直到今天，我確定了兩件事：第一，劉欣老師對這個行業的判斷是對的；第二，劉欣老師對我的判斷錯了。

其實在所有人數眾多的行業，都會呈現出金字塔結構：大多數人默默無聞，少數人比較優秀，只有極少數人才是該行的菁英。

而我在當老師的第一天就寫逐字稿的教案，直到今天，我依舊保證每兩小時的課，要有二十倍以上的備課量才能上講臺。

在一個競爭極強的行業裡，你只有做到極致和卓越才能成為一個高手。而這一切，需要太多太多的努力。

我本科讀的是軍校，在軍校裡我聽過一個故事，故事的主角是一位念大一的技術天才。

他剛到軍校時，覺得自己像一棵果樹種在沙漠中，發現自己跟周圍的人格格不入。於是他開始自學電腦，準備擁有一技之長，然後離開這裡。

大一那年，他通過了電腦二級和三級考試。大二時，他已經能熟練地編一些簡單的程式了。每天在為數不多的自由時間裡，他窩在圖書館查資料；學校不准使用手機，他就偷偷地在廁所裡搜索相關資訊；時間不多，他就把一些重要的代碼寫在紙條上，方便隨時拿出來背誦……

有同學說，他連夢話都是編碼。大家都覺得他瘋了。直到有一天，他忽然想到：「電腦上的遊戲是不是可以放在手機中呢？」

於是他查閱了許多資料，寫了一個複雜的編碼，把這個編碼和自己的履歷投到一家著名的網站。但還沒等到他們的回信，他就被派到偏遠山區的部隊實習，軍校的大二學生都要下部隊實習。

連上管理嚴格，不能使用手機，他問班長自己可不可以留著手機，因為有一通重要的電話要接，但班長說不可以，因為這是規定。他請班長抽了包菸，班長才勉強答應。他興高采烈，後來才發現那個地方根本沒有訊號。

好在山頂有一格訊號，他每次都利用閒置時間跑到山頂，一邊等，一邊繼續寫編碼。就在他快要絕望的時候，一通電話打來了，網站的負責人說看了他的編碼很感興趣，希望他可以來公司上班。

他激動到淚奔：「可是我沒有相關的學歷，這個不要緊嗎？」

負責人笑了笑說：「你覺得我們是對你感興趣，還是對你的學歷感興趣呢？」

他熱淚盈眶，去辦了退學。退學後，他基本上是被押送回家的，他的父母非常痛苦，差點決定再生個孩子。

他拿著五百元來到北京，就住在五道口的一個單人房，每天都在公司加班，很少回家，他要證明自己的選擇沒錯。

一個月後，人力資源部簡訊通知他薪水匯進去了。他拿著提款卡，找到了一個ATM取款機，輸入密碼後，他發現自己的卡裡有一個自己從來沒見過的數字：兩萬。

他的眼淚馬上流了下來，打電話跟媽媽說：「媽媽，我賺了兩萬塊。」

媽媽震驚地說：「孩子，你不能做違法的事情啊！」

他高興地「翱翔」在北京的夜空下，眼淚照亮了這夜空，也照亮了這世界。

這個故事在我讀軍校的時候，給了我極大的鼓勵。我的父母是軍人，所以子承父業是個理所當然的決定，可惜到了軍校才發現，自己並不適合那裡。

於是我開始自學英語，把自己關在一個空房間裡，把前後門鎖上，假想下面有很多人聽我用英語演講，每天講四十分鐘，把《新概念英語》和英文詞典一遍遍地拿來背誦。

後來一次偶然的機會，我參加了一場英語演講比賽，這竟然改變了我的命運，我成了一名老師。那時我一邊上課，一邊瘋狂用功，之後成了一名作家。

但直到今天，他的故事都一直鼓勵著我，在任何領域，都應該做到極致，否則對不起自己的青春。

幾年後，我帶著剛寫的一個故事來到這家網站公司，在談完事走出公司時，忽然被一個聲音叫住了：「你是李尚龍嗎？」

我說：「是，你是誰？」

他說了自己的名字，瞬間我愣住了。

我說：「您的故事，是我的精神支柱。」

他笑著說：「我也聽過你的故事。」

現在他已經是那家網站的技術總監了。當天我們在五道口的一個大排檔喝酒，喝到了凌晨三點，臨走前，我們手機互相加了朋友。在回家的路上，我看到他貼了這半年裡唯一的貼文，而配圖是我們倆的合照。

那一刻，我淚流滿面。

生命的極致，在於突破、改變；青春的極致，在於不服輸、不認命。但無論是鳳凰涅槃還是破繭成蝶，本質都是生命的重生，那種痛苦都是深入心底。如果你什麼也不做，那麼貧窮和衰老就是你唯一能獲得的。

所以，**要做一個極致的人，因為極致會帶來生命的突破，而這些突破，能帶你走向更廣闊的世界。**

若沒人聽你歌唱，你也要唱給自己聽

盧思浩幫我的第一本書寫了推薦，他曾是我的偶像，現在是我的弟弟。所謂成長，就是你在逐漸接近偶像的路上，變成了一道光。

很多人都是在二十多歲時看盧思浩的書，快到三十歲時讀我的書。網上有則貼文說，年輕時有兩個男人應該在書本裡霸占過大家的青春，一個是盧思浩，一個是李尚龍。我覺得過獎了，二十多歲時你至少還讀過英文單字書，但我很高興，我們在南京同臺了。

那天和帥健翔老師在火車上，一位學生留言給我：「尚龍老師，我是您的粉絲，我想來接機。」

我當時非常激動，奮鬥了這麼多年，有粉絲來接機了。

但這個粉絲不知道，我坐的是高鐵。

剛下高鐵，我非常興奮，帽子、口罩都沒戴，因為我害怕這位學生認不出我。下了高鐵，我還故意走得很慢，看一看有沒有LED螢幕，有沒有類似閃光燈的東西……當然你們也知道，什麼都沒發生。

我的助理安慰我說：「龍哥，雖然我們被粉絲放鴿子了，雖然沒人認識我們，但我們的書賣得好啊。您千萬別難過，待會到了現場，會看見許多粉絲的。」

後來一看確實不少，但我想主要都是盧思浩、帥健翔老師的粉絲。其實我並不是很在意來多少人，我在意的是來的人是誰。我演講的主題是：「若沒人聽你唱歌，你也要唱給自己聽。」

前一天我跟思浩喝多了，我不禁說出：「說句實話，南京是我的惡夢。」

二〇一五年，我第一次來到南京辦簽書會，容納三百多人的教室裡只來了三十位同學，還坐得特別分散，教室顯得格外空曠。

演講前我深吸了一口氣，默默告訴自己，無論有多少人，都要講完。很多人以為我很堅強，其實不是，那些勵志的話語，是我說給自己的，那些熱血的故事，也是我講給自己的。

依稀記得，在那場演講結束後，一個女孩子悄悄地走過來對我說：「尚龍老師，你不用難過，下次你來南京，我叫父母、朋友、男朋友一起來看你。」

當時我非常感動，因為那個時候我真的很需要鼓勵。我說：「好，謝謝你。」

當然，那是我最後一次見到她，其實我早就習慣被粉絲放鴿子了。

從那時起，我深深地明白了一個道理，人心叵測，人性複雜。但也是從那時起，我明白了，無論有多少人聽我演講，無論有多少人看我的書，我都要繼續講下去，繼續寫下去。

在最年輕的日子裡，你的青春要嘗試著自己做主，這意味著自己要承擔責任。**無論別人說什麼、評價你什麼，甚至如何攻擊你，那都是他們的事情，永遠不要用自己的青春為別人的夢想買單**。無論他們怎麼說，那都是屬於你的青春。你只有一次青春，別讓自己的賽道上，跑著別人的賽馬。

我們在盧思浩的餐廳吃飯，喝酒喝到半夜，我望著南京的夜光，心情久久不能平復。南京的天氣很奇怪，我才來兩天，卻經歷了春夏秋冬。喝多了的我，披上了長袖衫，而這變幻莫測的天氣，就像我們變幻莫測的人生。

去年我來南京時，已經有自信了很多，我逐漸感覺到了這座城市的愛。人就是這樣，你越往高處走，越能感受到別人的愛；相反，你總在低處，看到的都是雞毛蒜皮、爾虞我詐。

在去年的發表會上，有人問我：「李尚龍，你洗頭了嗎？」因為大家知道我不愛洗頭，但每當遇到這個來自靈魂深處的發問，我總想努力突破自己。

所以，今年來到南京，我洗頭了。

我這個人不僅不怎麼愛洗頭，還非常不愛去理髮店，因為每次我從理髮店出來，總是透著深深的後悔。上一次，我的好朋友肖央老師跟我說：「尚龍，你之所以每次去理髮店出來後都很醜，本質原因是你每次理髮只花五塊錢，而那個理髮師沒有學過美容美髮。如果你可以多花點錢，想必可以更好。來，我給你推薦一個理髮店。」

我說：「你不會是騙我辦會員卡吧？」

於是前幾天我去了那家理髮店，叫 Tony 的理髮師問我：「您想理成什麼樣？」

我說：「理成就算不洗，也看不出來的樣子。」

理髮師說：「您說的是光頭吧。」

我說：「你覺得我剃光頭好看嗎？」

他想了半天說：「我有個辦法。」

我說：「什麼辦法？」

他說：「燙髮。」

當我睜開眼時，我震驚了。這個髮型的神奇之處在於洗了就跟沒洗一樣，當然沒洗也跟洗了一樣。於是，這是我人生第一次在一家理髮店辦了一張會員卡。雖然我昨天才知道，其實肖央老師入股了這家理髮店，但我很感謝他。因為他的一段話，我不洗頭的人設崩塌了，我愛上了美容美髮，也認識了神奇的 Tony 老師，更解鎖了更大的地圖。

人這一生應該透過閱讀、行走、學習、閱人，逐漸解鎖更大的地圖，看到更亮的世界。其實在二十幾歲時，人最應該做的，就是拓展邊界、探索未知、去偽存真、求知發問，打破不屬於自己的人設。

其實盧思浩就是這樣一個人。

這些年，思浩一直是一個努力打破人設的人，他也是一個真正意義上的暢銷書作家。他的文字總是能在你頹廢沮喪時，重重地親吻到你的傷口。那些傷口，要麼癒合，要麼就感染了。

剛認識他的時候，那陣子我剛失戀，心痛不已，忽然在網上看到了一句話：「先變成更喜歡的自己，然後遇到一個不需要取悅的人。」我頓時崩潰了，我的媽呀，這不是寫給我的嗎？這個世界上怎麼會有一個人這麼懂我？這是誰寫的？定睛一看，三個大字映入眼簾：盧思浩。這是我第一次遇到這位作者。

後來我當了老師，每天上十個小時的課，連續上了一個暑假，是對身體和精神的雙重考驗。也是在那段時間，我明白這打不垮我的，會讓我變得更強。

記得有一天，我上課在換教室時，電腦被偷了。對一個聽力老師來說，電腦沒了是致命的，因為錄音也在裡面，你必須自己講了。那也不算痛苦，痛苦的是聽力測驗裡有一種題型叫對話題。

所謂對話題，就是一個男的和一個女的對話。男生的部分當然得心應手：「Hello，I am a marketing consultant, I need to apply for a job.」（您好，我是一名市場顧問，我要申請一份工作。）

但轉換到女生，我只能扯著嗓子喊：「Of course, I can show the boss and lead you to the future.」（當然，我會向老闆說明，領你走向未來。）

我就這麼學女聲尖叫了一節課，回到家痛苦萬分，想著要不要放棄。我打開手機，胡亂地看著電腦。

忽然一句話映入眼簾：「這個世界上沒有不帶傷的人，真正能治癒自己的，只有自己。作者：盧思浩」

當時我就想，這作者太嚇人了，每一句話都這麼經典！後來我把他的書都買回來讀了一遍。再之後，我也出了本書，透過朋友要到了盧思浩的電子信箱，請他幫我寫序。

過了幾天，思浩回覆我說：「尚龍你好，我最近一直在睡覺，沒有看手機。可以把稿子傳給我嗎？我幫你寫序。」我非常高興，回了幾個字，靜候佳音。

之後幾天，思浩杳無音信。

後來我才知道，盧思浩的拖稿能力是數一數二的，他被稱為作家圈的重型拖拉機。他拖稿的方式五花八門，比如跟編輯說，他的稿子被他家的貓撕了，他昨天吃飯時把辣椒撒到了電腦上，電腦癱瘓了。

但我畢竟不是編輯，我是李尚龍啊，如果直接催稿，會顯得我沒有深度。

於是我找編輯申請了三千元的稿費，直接轉帳給盧思浩，然後發訊息給他說：

「從編輯那裡，幫你申請了稿費，編輯問我創作進度如何。我說別催你，你一定是在認真寫。編輯問您不會拖稿吧？我說怎麼可能呢？你是我見過的最勤奮的作家。思浩，你說，我說得對嗎？」

半小時後，盧思浩說：「你說這不巧了嗎？我剛寫完。現在立刻傳給你。」你看，才三千元，思浩的人設就崩塌了，他變成了一個勤快的人。

後來他從墨爾本回國，進入了一家影視公司。我跟他喝酒的時候，他說：「尚龍，我開始當編劇了，也開始寫歌詞了。」

他的跨界讓我驚訝，前些日子，我們在一個酒局裡，一位銀行行長朋友請客，跟我和思浩聊理財、金融、區塊鏈，他說得滔滔不絕，我聽得迷迷糊糊，盧思浩喝得不省人事。

於是，我決定跟這個行長說：「你說的這些理財話題，看起來很重要，但相比於生死，我覺得完全不重要。」說著，我就準備把話題拉到我擅長的領域。

行長冷漠地說：「尚龍，你之所以覺得不重要，是因為你不懂。現在哪個有錢人不懂資產配置？」

我說：「我就是不懂，怎麼了？何況我是個作家，哪個作家能懂經濟？」

這個時候，喝得迷迷糊糊的盧思浩大聲說道：「尚龍，我就懂啊！我研究生在墨爾本讀的是金融專業，這是我的老本行啊。」

我嚇了一跳，說：「那你怎麼成了作家？」

他說：「我只是不小心淪落成了作家。」

接著他和我的這位行長朋友開始聊，在哪裡買房划算，在哪裡投資靠得住。聊完思浩還笑了笑說：「我在南京開了家餐廳叫『串蜀黍冷鍋串串』。歡迎你來南京的時候找我吃大餐。」

我終於接上了一句話：「那你要不要跟我一起在南京辦一場簽書會？」於是有了我們倆的重逢和與讀者的相逢。所以，感謝思浩的人設崩塌，感謝思浩的相助，我們在南京相見了。

再說一遍，那家餐廳的名字叫串蜀黍冷鍋串串，大家有空一定要去，去的時候可以提我的名字，把我在那裡欠的費用都結算一下，謝謝。

身為作家，我們在大多數的時間裡都是孤獨的，都要思考，都要想辦法理解自己，懂得自己。

去年我寫了一個故事，叫《回不去的流年》，同名歌曲現在已經可以聽到。在這個故事裡，我寫了這樣一段對話。

阿瓜問小剛：「如果我們唱歌沒有人聽，怎麼辦？」

小剛說：「如果沒有人聽，那就唱給自己聽。」

各位，如果這個世界的複雜和殘忍超過我們的想像，逼著我們不能成為自己想要的樣子，我們是要投降，還是選擇「唱給自己聽」的那股倔強？

這就是我想透過《人設》告訴大家，當你和世界不一樣，那就讓你不一樣，堅強地成長，成為自己想要的樣子。

因為**當你成了自己想要的樣子，就算這個世界都不喜歡你，至少，你會喜歡你自己**。

第二章

守則雖有犧牲，但非常有用

三十歲，一無所有怎麼辦？

肖央有部電影叫《老男孩之猛龍過江》。結尾處王太利對肖央說：「畢業了這麼久，生活過得還是一塌糊塗，你說我們這輩子，是不是完了？」

肖央望向遠方說：「就當我們今天才畢業吧。」

同樣的故事，也發生在朋友耗子身上。那天聚會，他喝了兩杯對我說：「都三十歲了，還這麼一無所有，你說我這一輩子是不是完了？」

可是，生活不是戲劇，我不能學著肖央告訴你，就當我們今天才三十歲吧。因為我們今天的確三十歲了，這樣說，對你並沒有幫助。

我遇到過很多三十歲還一無所有的人，他們這輩子並不是完了，因為三十歲才剛剛開始，大不了大器晚成。

可是也並不是每個人都在三十歲之後，生活有了起色，生命有了改變。我仔細觀察他們的軌跡，讀他們的傳記，我發現：所有在三十歲改變過自己的人，都克服過自己曾經的毛病。

三十歲一無所有的人，大多數都有這樣的毛病。

許多人都有，包括我。

1. 注意力渙散

我曾在「重塑思維的十五堂課」裡講過一個公式：「注意力大於時間，時間大於金錢。」

因為當一個人把注意力放在重要的事情上時，事情做好，錢自然就來了；但如果一個人只盯著錢看，那錢往往就到處跑了。有時候，只盯著錢做事，結果不是錢沒了，就是錢來得不正當，到頭來都是得不償失。

人到三十歲還一無所有的主要原因，就是沒有一顆專注的心。

做事情三分鐘熱度，對所做的事情不熱中，動不動就拖延，生活上得過且過，覺得自己是爛泥扶不上牆。於是，每天過著一模一樣的生活，不改變、不進步。久而久之，注意力越來越差，心流持續時間越來越短，人就變傻了。

專注能提升一個人的幸福感，提升一個人的能力。這世界上許多偉大的事情，都緣於專注。而在這個時代，手機是打破專注的魔鬼，我們隨時都在被打斷。它讓萬物聯結，獲取資訊變得簡單，我們被零散的資訊帶著到處跑，到頭來，卻逐漸忘記，自己需要的是什麼。

注意力渙散給現在的人們帶來了很多問題，人們越來越難把精力集中在一件熱中的事情上，開始同時做好幾件事，無法深入一件事情去突破自身極限，對所有事都有涉獵，對所有事都不精通。

一個人一旦喪失了熱情，也就喪失了專注；一旦喪失了專注，在事業上必然會走下坡路。

三十歲一無所有的人，往往從二十多歲開始，注意力就渙散了。

好消息是注意力就像肌肉，可以透過訓練重新擁有；更好的消息是三十歲不晚，一切都來得及。

2. 不鍛鍊身體、拒絕體檢

三十歲時，另一個不好的習慣是，不鍛鍊身體、拒絕體檢。

你不鍛鍊，身體自然就糟糕了；你不體檢，身體也在變糟，只是你不知道而已。

三十歲前，你可以做任何你想做的事情，你可以熬夜，你可以暴飲暴食，你可以宿醉，你也可以幾天不喝水，因為你身體健康，因為你年輕。可是到了三十歲，許多人剛想做點什麼，卻忽然發現身體不行了。

你越長大，你的身體越容易背叛你，你興高采烈準備大展宏圖，忽然身體的警告燈亮了起來，你什麼也做不了，只能等待身體的康復。

人在健康的時候，往往不知道自己是健康的，只有在開始關注自己的身體時，才會發現身體不行了。

網路上有種說法：美國人每年花一千元健身，一百元買補品，十元買藥，一元急救；華人是反過來的，華人花一元健身，十元買補品，一百元買藥，一千元急救。因為我們從來不會未雨綢繆，所以最後只能拿金錢孤注一擲。

三十歲時你可以一無所有，但如果你擁有健康，就有資本重新開始，打持久戰、跑馬拉松。人生不是什麼百米衝刺，而是一場漫長的旅行。

從這個角度看，我們並不是一無所有，我們還有強健的體魄。

直到今天，再忙我也會堅持運動。因為只要身體健康，即使現在一無所有，我就還是富裕的。

3. 不存錢

一個人在三十歲時還一無所有，可能還有一個特別糟的毛病：不存錢。

二十多歲時缺錢是常態，很少有人能在二十多歲就實現財務自由。但如果每個月都把薪水花光，每個月都透支下個月的收入，那麼這樣的困境並不是因為你的錢賺少了，而是因為你的欲望變大了。

我在賺到第一個月的薪水時，就決定以後把每個月薪水的百分之二十存到一個定期帳戶裡。一年後，我存了好大一筆錢，後來我用這筆錢投資，竟然也能利滾利賺錢了。

有一本書叫《錢：七步創造終身收入》，聽起來是很可怕的書名，這本書又厚又重，但讀起來確實有用。書的第一章，就表明了兩個重要觀點：第一，年輕時一定要重視存錢的重要性；第二，當你有存款時，要學會用錢生錢，用利息養活自己。

但你看看身邊的這些朋友，他們夜夜笙歌，沒有成就，時刻犒勞自己，動不動就花三個月的薪水買個包。他們之中許多人收入不低，存款卻無。到了三十歲，想做點什麼，卡裡都沒有存款，家人生病，忽然需要一大筆錢，還要東奔西走，求爺爺告奶奶。

都說成年人的崩潰，從借錢開始。我覺得成年人的崩潰，應該是從不存錢開始的。因為不存錢，總有一天會借錢，崩潰是早晚的事，怨不得別人。

這些年，我很害怕在公開場合講存錢的重要性，因為總有人拿那一套跟我說：「錢不是萬能的。」是啊，錢不是萬能的，但沒有錢，是萬萬不能的。

我每次在演講時，都想跟我的學生說，在二十多歲時適當地存錢其實很簡單，因為只需要做兩件事：提高收入，限制欲望。提高收入要從提升能力開始，限制欲望要從自控開始。

4. 有執念

我和朋友耗子認識了多年，總是在對他說一些我自己認為正確的價值觀。他曾經告訴過我，說他不是我的學生，要我少說點。所以在生活裡，我逐漸話變少了。為什麼這些年我變了？因為我也意識到了我的毛病，這應該是阻擋我前進的最大的障礙之一：有執念。

人到三十，放棄沒必要的執念，減少沒意義的可能，都是必要的。

我曾以為每個人都應該像我這樣，但我錯了，每個人都有自己的生命軌跡，都有自己的生活週期。你的生活，不能強加給別人。

我曾經希望好朋友長大以後，一起買棟別墅住在裡面，白天工作，晚上喝上兩杯酒。但隨著我逐漸長大，我越來越明白，放棄執念，接受這世界和自己的不完美，才能擁有更多。現在，跟朋友的關係反而更好了。

執念和堅持是不一樣的。堅持是當你知道這件事還有可能時，你的意志告訴你再試試；執念是你的內心明明告訴你這件事無望，你還要繼續向前，直到撞到牆。

我們身邊有多少朋友，都是充滿著執念的。這部戲明明做不成，他非要投那麼多錢進去，結果血本無歸；這個男人明明不是她的最終歸宿，她非要嫁給他，結果不到一年就離了婚，還有個孩子不知該由誰撫養；這本書明明就可以這個封面定案，他非要我行我素，結果最後錯過了最佳的出版時機。

執念會害死人的。

我也是在這兩年，才逐漸和自己和解，開始接受自己的不完美。我驚奇地發現，當我選擇放下時，許多困擾就會迎風化解，面前的路反而更寬闊了。到了三十歲，我更加確定要給自己的生活用減法了，所謂減法，就是要對沒有意義的執念做「斷捨離」。

但這一切的前提是，在二十幾歲時要給自己加法，之後才配擁有這種心境。

5. 不學習

三十歲一無所有的人最大的問題，只有三個字：不學習。

每次我拿著書在朋友面前晃，他總是問我：「讀這些東西幹嘛？」我不是批評他，因為許多人都這樣，用已有的習慣評價著身邊的人、過著自己的生活。

有次我在地鐵裡看莫言的《豐乳肥臀》，旁邊的一位大哥笑著說：「你在公共場合看黃色書刊啊？」我非常無奈，因為這本書講的是一個時代的變遷。

另一次，我在學校的休息室裡看派翠西亞·麥考密克的《希望永遠都在》，一個老師走了過來，很鄙視地看著我說：「你也看雞湯書？」他不知道，這本書講的是柬埔寨的歷史，裡面血淋淋的，是一個時代的傷痕。

人們總是喜歡先入為主地評價別人，卻不知道背後的邏輯也可以很複雜，不知道自己所知道的其實很少。所以，學習是一輩子的事情。

今天，當我看到一件奇怪或者不懂的事情時，我的第一想法不再是評價，而是思考有沒有值得我學習的東西。

這個時代是需要終身學習的，而學習的方式，並不局限於坐在教室聽老師講課。它取決於你有沒有一顆求知的心，有沒有一個對萬物好奇的思維習慣。

到了三十歲我更想說，**不要抱怨自己一無所有，因為所有的貧窮，到頭來都是因為思維的匱乏和知識的稀缺，而學習，能彌補這一切。**

三十歲前，我的成長法則

三十歲前，我對自己的要求是這樣的：可以放鬆，但不能放縱；可以放肆揮霍青春，但同時要為自己負責。

就好比可以熬夜打電玩，但不能耽誤明天上午的考試；可以通宵買醉，但不能耽誤明天早上的答辯；可以跟老闆發飆，但要有足夠的能力在下一家公司落腳。

如果任性耽誤了正事，那麼所有的放鬆必然就成了放縱，所有的放縱都會變成對自己的懲罰。

紋身、買醉、泡舞廳，這些看起來很酷的事情其實一點也不難，難的是你堅持健身、每天讀書、持續背單字，而且堅持一年。

一年後，你能成為一個真正很酷的人，因為你做了件難事。

如果覺得生活苦，那麼別去尋找舒服的方式讓自己輕鬆，去做一些讓自己更苦的事情，例如學習。

因為只有吃了學習的苦，才能避免生活的苦。兩者唯一不同的是，學習的苦主動，生活的苦被動。所謂被動，就是你什麼都不做，它自然而然會來。同樣，什麼都不做就會到來的東西還有以下兩件：貧窮和衰老。所以，請主動成長、主動學習。

如果你不能理解那些在乎幾塊錢的人，舉個例子，如果你的手機有百分之百的電，你會在乎那降下的百分之一的電嗎？不會。但如果你只有百分之五的電，你會在乎那百分之一的電嗎？

這個例子看起來很有道理，但可以反問：你這麼年輕，為什麼這一生都要把自己逼到只剩下那百分之五的電呢？出門前充個電不行嗎？出門前帶個隨身電源不行嗎？再不行借個充電器總可以吧……人為什麼一定要把自己逼到絕境才編個故事安慰自己呢？

對於剛進入職場的人，平時能存點錢就存點錢，沒錢就去工作、學習，去找更好的生活方式，去設計自己的生活，永遠不要把自己逼到絕境再做選擇。

我經常對身邊的朋友說，別總是相信什麼「階層固化」這樣的鬼話。階層再怎麼固化，也有無數條上升的途徑，至少個體是沒有固化的。

你之所以覺得自己會固化，是因為你生來覺得自己和別人一樣。其實怎麼會呢？你和別人根本就不一樣，我們都是人類，但不是同一類人。

你就是你自己的神，在你活著的地方。

你看別人在玩，所以你也去玩，但是別人回家在念書，你還在玩。最後別人考了個高分，你誇別人是個天才。

大多數人的努力程度遠遠不到拚天賦的地步，所有的提升都是自己跟自己的約定，所有的成長都是自己跟自己的秘密，這些都和別人無關，也不用向別人彙報。

這個時代的每個人都很焦慮，我曾寫過：「打敗焦慮最好的方式，就是趕緊去做那些讓你覺得焦慮的事情。」

在路上的人不會覺得焦慮，他們會覺得充實，焦慮沒有用。奔跑，才能看到終點。

厲害的人和菜鳥的區別其實並不在智力上，他們主要的區別只有一個：厲害的人認定一件事，就會堅持下來；菜鳥認定很多件事，做兩天就喜新厭舊了。

你不得不承認，這句看起來很雞湯的話，其實是真理：「這世界上的許多美好，都緣於堅持。」

找一條正確的路，一步一步地走，咬緊牙，別停歇。一年之後，你會驚奇地發現：天啊！這世界，還真的跟我之前看過的不一樣呢！

要嘛孤獨，要嘛庸俗

我已經數不清這是我第幾次一個人去看電影了，每次在一天忙碌的工作後，我總想找個沒人的角落讀本書或看部電影。

這次看的是爆米花電影《X戰警：黑鳳凰》，一部適合一群人去看的電影。

這些年，我已經喜歡一個人去電影院的感覺。在家買張靠走廊的票，到了時間就走到樓下，買瓶水坐進電影院度過兩個小時屬於自己的時間。

我不覺得這是孤獨，反而覺得這是享受。至少在這兩個小時裡，沒有工作的打擾，沒有人說話，不需要跟人溝通——這段時間是屬於我自己的。如果恰好這是部好電影，那這兩個小時可算是賺到了。

這一次我依舊是一個人插著口袋，等電影快開始時溜進電影院，剛進門，一個聲音打破了只屬於我自己的時光：「尚龍老師？」

我回過頭，兩個女孩笑嘻嘻地看著我。

然後她們尖叫了起來：「天啊，你真的是尚龍老師！我們是你的讀者。」

一向善於言談的我，忽然莫名其妙地緊張了起來，說了句很尷尬的話：「你們也來看電影啊？」

廢話啊，她們來電影院不看電影幹嘛，打掃嗎？

她們的回答更尷尬：「是啊是啊，您一個人來看電影啊？」

我看了看身邊說：「是啊，我一個人。」

她們的眼睛裡露出了一絲同情的目光，彷彿在說：「沒想到你濃眉大眼的李尚龍，也有今天啊。」

其中一位女孩說：「您要不要跟我們一起看啊，我們旁邊的位置是空的。」

我想了想，說：「沒關係，我一個人挺好的。」

女孩說：「那好吧。我們能跟您拍個照嗎？」

我說：「好。」那一刻，我真的非常痛恨自己當天沒洗頭。

這兩個女孩，拍完照也不忘數落我一句：「沒想到您這麼大咖也沒人陪啊，我們就住在附近，下次可以叫我們一起看。」

我點點頭，微笑地說：「好的。」

電影結束，我幾乎是落荒而逃。

但我走錯了方向，又折返回來，無奈再次看到這兩位女生。又是一絲尷尬湧上心頭，我和她們一起坐電梯。到了樓下，女孩問我：「是不是我們做錯了什麼，您不願意跟我們聊天？」

我說：「別傻了，不是的。」

她們問：「那您為什麼不願意多跟我們聊聊天呢？哪怕聊聊這電影為什麼這麼差也好啊。」

我想了想說：「我不知道自己從什麼時候開始，就喜歡一個人，喜歡那種不被打擾的感覺。」

她們覺得很奇怪說：「怎麼會有人喜歡這種感覺？就算有人喜歡，那個人也不應該是您啊。」

我聳了聳肩。

她們說：「那好吧，不打擾您了，老師再見。」說完，她們蹦蹦跳跳地走了。

看著她們的背影，忽然有一句話到了我的嘴邊：「好好珍惜只屬於自己的獨處時光吧。」

我還是沒說出來，回到家，我打開了日記本，翻到了我十年前寫給自己的話：「耐住寂寞，守住繁華。」

人越長大，越難擁有孤獨和只屬於自己的時光。隨著網路越來越發達，人際關係越來越密切，認識的人越來越多，要做的事情越來越雜，屬於自己的時間必然越來越少。

尤其是成家後，一個女孩子當了媽媽，屬於自己的時間，所剩無幾。白天有工作，晚上有家人，只有等孩子睡著，才能感覺到這世界上有一點屬於自己的安靜而孤獨的時光。

一個男人，在外是員工、老闆，在家是丈夫、父親，只有在車裡的幾分鐘，才是自己。

我曾寫過「孤獨是最好的升值期」，直到今天，我快三十歲了，孤獨的時間也越來越少了。

但我依舊十分感謝那個時候的自己，感謝自己沒有浪費孤獨的時間，而是在孤獨中修練，成就了更好的自己。

我曾在最孤獨的時候告訴自己：「在沒人看得見我時，我也要默默發光。」於是我閉關學英語，課後寫作讀書，久而久之，我明白了，孤獨並不會讓人變得更好，孤獨會讓人得病，孤獨中的修練才會讓人變得更好。

泰戈爾曾經寫過：「只有經歷過地獄般的磨礪，才能練就創造天堂的力量；只有流過血的手指，才能彈出世間的絕響。」

「五月天」的阿信也在歌詞裡寫過：「每個孤單天亮，我都一個人唱，默默地讓這旋律，和我心交響。就算會有一天，沒人與我合唱，至少在我的心中，還有個尚未崩壞的地方。」

這樣的時光雖然聽起來很難，卻飽含著青春裡最美的感覺。

當你老了，這些平靜努力的時光，依舊能讓你熱淚盈眶。

我經常會在夢裡穿越到自己二十歲出頭的日子。

在圖書館裡，我看著那個苦哈哈的自己，在一旁給他打氣加油，告訴他：「李尚龍，你並不孤單。你的努力，在時間的溫暖下，都會生根發芽，使你變成更好的自己。但現在，請一定要堅持，請一定要用寂寞的時光，培養一技之長。」

我依稀記得那些一無所有的日子，哪怕是考了個第一名，都會讓我笑三天。年輕時，人很喜歡犒勞自己，沒做出什麼成就，先犒賞一頓大餐、一個包、幾瓶酒，但標準一旦被提高，就很難再次被滿足了。人總被犒賞，卻沒有苦勞，這樣是很難理解努力的價值的。

那時我身邊的朋友，都在一天的操課後，晚上打開電腦玩起了遊戲，而我一直到從軍校退學時，都沒有買過一臺筆記型電腦。

我一直覺得在二十幾歲時，定期保持和人群的距離，是一個很好的習慣。因為只有這樣，你才能夠做到獨立思考，不去參與無聊的群，不被別人打擾。我不是說不去社交，不合群，而是要加入更好的群。

有時候，並不是優秀的人不合群，而是他們的群裡沒有你。

二十幾歲時，**如果尋求不到高品質的社交，只剩下酒肉朋友，那麼孤獨反而是更好提升自己的方式**。

孤獨是一個人的狂歡，相聚是一群人的孤單。

我記得叔本華寫過一個故事，活到了七十二歲的他，在人生最後的二十幾年裡，一直居住在法蘭克福。他經常會去一家名為「英國飯店」的餐館和當地的紳士們聚餐。有那麼一段時間，每次吃飯前，叔本華總會把一枚金幣放在桌子上，離開餐館時，再把金幣揣進上衣口袋。有服務員就問他：「您總是把金幣放下，又收起來，這是為什麼？」叔本華說：「如果我哪天聽到這些英國人，討論除了女人、馬和狗之外更嚴肅的話題，我就把這個金幣送給門外的窮人。當然，這麼多年，我從來沒有送過他們。」

這樣的社交，在我們身邊比比皆是，一直無聊地重複著。每年回家，我都很害怕跟一些親戚交流，他們每年都在講一模一樣的話，只是更換了一些數字。例如今年賺了多少，去年是多少。

我曾經寫過：「只有等價的交換，才能換來等價的友情。」這句話，在成人世界裡，是一張通行證。

當一個人發現自己還沒有辦法更好、更自信地和人交流時，記得默默地成長、平靜地努力，比跟誰社交都重要。無論與誰社交，到頭來都是與內心深處的自己交流。

村上春樹寫過：「哪裡會有人喜歡孤獨，不過是不喜歡失望罷了。」但其實所有的失望，都源於對自己的不滿。我可不可以去更遠的地方？可不可以去更高的地方？可不可以去更寬廣的地方？因為那些地方，有更好的朋友，和更好的自己。

叔本華還寫過：「人，要嘛庸俗，要嘛孤獨。」

庸俗地合群，孤獨地綻放，二十歲的你，會怎樣選擇？

為什麼很多人不敢獨立？

因為二十幾歲時，做一個獨立的人，是需要勇氣的。其實有了勇氣，還遠遠不夠，你還需要獨處的能力。

叔本華寫過一本書叫《人生的智慧》，書裡說：「**只有當一個人獨處的時候，他才可以完全成為自己。不熱愛獨處的人，也就是不熱愛自由的人。**」

我或許沒有「熱愛獨處」這麼高的境界，但我相信，只有學會獨處，才能在這個世界裡更好地成長和生活，因為無論你學不學得會獨處，孤獨都會伴隨我們一生的。

我們帶著哭聲，一個人來到世界；我們帶著別人的哭聲，一個人離開世界。曾經我以為越長大，越孤單，後來我慢慢發現，長大後這個星球只有我一個人。

所以，在這個只有一個人的世界裡，請一定要堅強，學會獨處，學會一個人也能活得很好的能力。

三毛寫過：「如果有來生，要做一棵樹，站成永恆，沒有悲歡的姿勢。一半在塵土裡安詳，一半在風裡飛揚，一半灑落陰涼，一半沐浴陽光……非常沉默、非常驕傲，從不依靠、從不尋找。」

雖然我認為三毛極端了一點，我並不是想告訴你，社交沒有必要。相反，社交很關鍵，我們是群居生物，需要彼此的合作才能走得更遠，不過我們終將會回到孤獨的本體，終究會和內心深處的自己對話。那一刻，希望你也可以這樣，從容、安靜、沒有恐懼。

當有一天，你長大了，不再孤獨，有了自己的家庭、自己的團隊時，希望你也可以自豪地告訴自己：「我沒有浪費曾經的孤獨，我現在變得更好了。」

三十歲前，一定要堅持的幾件事

1. 別喪氣

喪氣是容易習慣的，積極也一樣，都能養成習慣。

喬伊絲．梅爾在《好習慣，壞習慣：突破個人生活和事業瓶頸的14種習慣》這本書裡提到，好習慣對人有益，可以增加人生的樂趣並賦予其充盈的力量，而壞習慣只能讓人感覺不安、不悅，一事無成。習慣就是人們不假思索就做的事，是人們日常的行為方式，或是經由不斷重複而形成的行為模式。人們有百分之四十的行為，是出於習慣。

遇到一件好事，喪氣的思維習慣是他竟然得到的比我多，而積極的思維習慣是我今天獲得的比昨天多。

遇到挫折，喪氣的思維習慣的是弄死我算了，而積極的思維習慣是打不死我的只會讓我變得更強。

遇到失敗，喪氣的思維習慣是我倒在地上起不來了，而積極的思維習慣是這都是經歷，會讓我的未來越來越好。

思維不同，久而久之，人和人之間就不一樣了。

2. 多讀書

永遠不要連續三日不讀書，否則人會很容易變笨變傻。

現在流行聽書，但別忘了，讀書不僅能吸收知識，還有能讓自己安靜下來的功能。所以，讀書永遠比聽書更有收穫。

讀書是自己和自己的交流，是自己和作者的交流。

外出時，包包裡習慣性地帶上一本書，塞車、閒暇、無聊的時候拿出來翻兩頁，翻著翻著，就讀完了一本書。

健身固然重要，但健腦更重要。

3. 運動

別小看鍛鍊身體。

二十幾歲時不堅持運動，三十幾歲時想做點什麼，總有病痛突如其來，從天而降。

高中時我們最愛的是體育課，上了大學我們逃得最多的，還是體育課。

《運動改造大腦》裡提到，每週只需要行走三小時就有益心血管健康，少量運動有好處，在合理的範圍內，運動越多則效果越佳。

二十幾歲時累積的身體素質，都是為三十歲時更好地創業打下的扎實的基礎。

除了運動，也請堅持健康的飲食，比如少糖、少主食、少油。除此之外，堅持體檢。

西方人每年都會堅持體檢，而華人總是把錢存起來，最後錢都花在治療重大疾病上。

身體是靈魂的載體，再有趣的靈魂，也經不起多病的身軀。

4. 定期打電話給父母

尤其是遠行的年輕人，要了解父母的生活作息和他們的身體狀況。

二十幾歲時，趁著父母的身體還算好，努力奮鬥。

常幫助他們糾正一些不好的習慣，也幫助他們熟悉網路世界的生活模式，例如教他們使用線上支付、外賣、影片等軟體。

越長大，越怕在深夜接到父母的電話。

所以趁著他們身體還好，一定要多溝通，多了解一下他們，防患於未然。

5. 每年至少去一個陌生的地方

無論你有沒有錢，每年都應該努力去一個陌生的地方：出不了國可以到外縣市，出不了外縣市至少要走出自己住的村莊。

要努力從窮遊變成富遊，要在路上思考、尋找、發問。

有時候，見識比知識重要，跨出舒適圈，外面的世界更大。

如果實在去不了遠方，也別忘了，書裡也有遠方。

6. 存一點錢

如果你剛開始工作，還沒有太多收入，千萬別做月光族，每個月薪水的百分之二十一定要存在銀行裡，做自己的備用資金。《最富足的投資》裡講，那些善於存錢和投資學習的人，在一生中很少面對財務困境。

人們在年輕時很容易亂花錢，記得定下一個比例，從薪水裡抽出這部分不要動。把這些錢累積起來，它們會變成只屬於自己的安全感。

還要拿出一定的比例去投資學習。在這個年紀裡，別做什麼資產配置，其實，你也沒什麼錢可以配置。記住，去創造、去打拚，這正是創造的黃金年齡、最好的歲月。

二十幾歲的時候，投資自己才是最聰明的回報。

我很怕年輕人說「我能吃苦」

一個年輕人走進人力資源部，部門的負責人問他：「你有什麼優點？」

他對著部門的負責人說：「我能吃苦……」

這些年，我很害怕年輕人說這麼一句話：「我能吃苦。」這句話，害苦了好多人。

每次遇到這樣的年輕人，我最想做的不是質疑他能不能吃苦，而是問，什麼是苦，他可以定義嗎？

他說：「我什麼苦都能吃。」

我問他：「你可以忍受天天加班嗎？你可以忍受一天吃一頓飯嗎？你可以忍受被上司罵嗎？」

他想了想，不知道怎麼回答，只能堅定地說：「我能吃苦。」於是我再問了一遍，他想了想，沒回答。

這些其實不是苦，而是委屈，是難過，但委屈和難過，是不是也是一種苦呢？看吧，當一個人表達自己能吃苦時，他並不是在說他真的能吃苦，因為每個人對苦的定義是不一樣的。

他無非是想告訴你，他真正想要得到什麼，不惜代價。他表達的不是自己有吃苦的能力，而是表達自己對某些事情的欲望。那既然如此，為何不直接表達呢？

有句老話叫：「吃得苦中苦，方為人上人。」

這句話害苦了我這一代人，當長輩想讓你做你不願意做的事情時，他們就會告訴你，你要吃苦。我今年三十歲了，每次看到姊姊的孩子時都想告訴他：「當你把這句話拿到這個時代，甚至你長大的那個時代時，許多事情，似乎都行不通了。」

因為時代變了，很多事情你無法定義，它是否屬於「苦」。

例如一個人考研究所的分數過了，但老師要收很多錢才能給他這個名額，他需要買昂貴的禮物去拜訪老師。又例如一個演員能力夠了，但一定帶製片人、導演去酒店才能獲得這個機會。這樣的苦你要不要吃？

在這個時代，我很怕年輕人說「吃得苦中苦，方為人上人」這句話。因為許多人吃了一輩子苦，也沒有成人上人；而許多人上人，也不過是人前顯貴，人後受罪；而最讓人崩潰的是，許多人上人，其實並沒有吃過苦。

當你走進一家公司時，不要標榜自己能吃苦，因為公司的老闆不想讓你來這家公司吃苦，而是希望你在這家公司透過自己的努力，可以享福。

你要說的是：「我熱愛這份工作，我願意和公司並肩作戰。」

在這個時代，不要總標榜自己能吃苦，更別以為只有吃得苦中苦，才能成為人上人。我們不要去成為人上人，我們要成為更好的自己。許多苦，能不吃就不吃，因為那些苦，不過是無用的苦。

記得前些日子我在地鐵裡，一個女孩子拿出一個 QR code 對我說：「我在做銷售，你能幫我掃一下嗎？」我搖搖頭，她馬上去找了別人。我站在她身後，看她找了至少二十個人，但所有人都搖了頭。我想，她就算再找二十個，答應她的也會寥寥無幾。這樣的銷售，是無效的，吃這種苦中苦，怎能成人上人？

我走了過去問她：「妳這是什麼產品？」

她說：「美容美白。」

我說：「既然是美容美白，妳為什麼不提前告訴妳的目標人群，為什麼不先洗把臉、洗個頭，為什麼不去找那些皮膚不太好的人，為什麼不先寒暄兩句說看您的皮膚狀況，這個 QR code 裡有您需要的資訊……」

她恍然大悟說：「對耶。」說完笑嘻嘻地走了。

你看，很多事情不是光靠吃苦就能解決的，你還要靠智慧，你還要去思考怎麼做。

這世界殘酷、殘忍，所以你要學會用自己的大腦去面對世界的殘忍，而不要總是用身體去對抗，到頭來弄得自己遍體鱗傷，還安慰自己：「吃得苦中苦，方為人上人。」

許多人說吃苦不怕，怕的是吃的苦沒用。

是啊，可是你怎麼判斷這種苦是有用還是沒用呢？

所以**人要學會反思，學會總結、學會思考、學會不貳過，這些比吃苦重要**。

這些年，我遇到過很多高手，他們就是世俗眼光裡的人上人，但他們在成長的路上，沒吃過什麼苦——至少他們自己是這樣認為的。

雖然外界認為他們很苦甚至很痛苦，但他們從不自憐，從不認為自己吃過苦，因為他們熱愛。因為熱愛，所以所有的苦，無非是在燃燒熱情而已。因為熱愛，所以是治癒生活的良方。

我剛開始當老師時，每天備課十多個小時。父母很心疼我，媽媽打電話給我，安慰我說：「吃得苦中苦……」我打斷她，說：「我哪裡苦了？我覺得很充實。」

後來我開始寫作，有了點名氣。每天打開電腦，寫著寫著天就黑了，寫著寫著天就亮了。忽然感覺自己餓了，下樓買點吃的，蓬頭垢面走在街上被人認出來，粉絲說：「李尚龍，你真的好能吃苦。」

我拿著飯說：「我能吃飯，不能吃苦。」

對我來說，做不喜歡的事情並堅持，才是一種苦。因為內心炙熱，所以不覺寒冷；因為內心熱愛，所以沒有淚痕。因為熱愛，所以不苦。

所以**與其能吃苦，不如去熱愛；與其說自己不怕苦，不如說自己更熱愛**。熱愛裡雖包含著苦澀，但比起熱愛，它什麼也不是。

二十幾歲時，不要標榜自己能吃苦，誰也不願意吃一輩子苦，就像誰也不願意看到你來到自己的公司非要吃苦一般，大家都希望你能熱愛這個事業，過得開心幸福，就像愛自己那般。

讀書到底是讀什麼？

在這些年裡，如果要問使我最受益提升自己的方式是什麼，我想毫無疑問地，是閱讀。

在這個物價飛漲的年代，只有書的價格沒有發生太大的變化。每次看到哪個平臺又打折了，滿多少送多少時，我就飛快地拚命下單，買一堆存在家裡，許多也來不及看，但就是放在家裡，心裡踏實。

前些日子，我自費在公司弄了個圖書館，買了幾千本書放在公司裡，很多人問我：「尚龍，你這是幹嘛？」

我說：「這是邀請大家，跟高手對話。」

閱讀不是一項任務，而是一趟和作者隔空對話的旅途。它穿越時間、空間，用文字穿透彼此的靈魂，讓兩個素昧平生的人在書裡相遇。

你能想像跟孔子對話的感覺嗎？你能想像和亞里斯多德聊天的感覺嗎？你能想像跟李白喝酒的感覺嗎？這些感覺，在書裡都能找到。

如果一個人不讀書，決定他的價值觀的，就是他身邊的親朋好友。倘若他的生活圈還很糟糕，那麼這個人必然好不到哪兒去。

而讀書能讓你獨善其身，能讓你找到那些跨越時間、空間的厲害的人，和他們進行靈魂交流。

我不喜歡每看一本書就發文，更不喜歡貼出自己讀過的書，因為讀書不是對外炫耀，而是幫助你找到回家的路。

我很怕被人邀請列書單，因為書單應該是很私密的東西，應該是一個人靈魂深處的秘密，對你有用的書，不一定對別人有用，對別人有用的故事，對你而言可能只是雞湯。

就好像直到今天，我還是讀不懂馬奎斯的《百年孤寂》，依舊不明白艾麗絲·門羅的《逃離》觸動人的點在哪裡，甚至討厭那些評分很高的書，雖然有些書還獲得了各種大獎。

但我很喜歡一些書，例如《小王子》《牧羊少年奇幻之旅》《月亮與六便士》。當然我知道，也有人不喜歡，說它們不過是雞湯而已。每個人都有自己的書單，有自己的喜好，你讀什麼樣的書，你就是什麼樣的人。之前有一位圖書管理員對我說，她從這些同學的書單裡，就能知道這些孩子未來會成為什麼樣的人。

所以，要挑選和重視自己讀的每一本書，但無論你喜歡哪一本，這都是你和作者的一段緣分。

你願意花一個下午、一天、一週，去閱讀這個作者一年或者更久的心血，你們見字如面，你的世界裡有了靈魂的交集，他帶著你去了更遠的地方，這樣的感覺，我願一直擁有。

我曾經說過讀書會讓你變得富裕，但或許不會讓你變得有錢。因為富裕不僅包含了有錢，還包含了內心深處的富足與充盈。當你意識到這世界上除了有錢，還有其他有趣的事情時，這就是讀書的作用。但隨著成長，我發現其實不是，這個時代很有趣，讀書好像也可以讓人變得有錢。

我發現有人可以一邊讀書，一邊講書，一邊賺錢。再之後，我發現，許多愛讀書的人，都在把自己學到的知識，變成一種能力，最後也成功地賺到錢了。

人是需要賺錢的，不要說賺錢沒用，不要說什麼心靈比物質重要的話。賺錢很重要，但心靈的提升也不可少。所以，書籍的分類裡有一類叫金融。

我讀過《投資中最簡單的事》《滾雪球：巴菲特和他的財富人生》《窮查理寶典：查理．芒格智慧箴言錄》，還有一本書名特別嚇人的書，叫《錢：七步創造終身收入》，這些書無疑都在打破我對讀書和金錢關係的認識，它們告訴我，就算是賺錢這樣的事情，也能透過讀書找到答案。

賺錢賺到最後，就是人和人認知上的不同。

讀書可以是功利的，甚至可以是名利的。但別忘了，書讀得越多，越要記得回家的路。

許多書，都可能會在某個關鍵時刻，給現實的自己一個強而有力的衝擊，給困惑的生活一個解決方案，給迷茫的自我一條通往前方的路。別怕讀完書就忘掉，那些忘掉後還留下來的，才是真正屬於自己的東西。

這些年，我一直建議我的學生在二十幾歲讀書時，應該別問分類，什麼都讀，因為這個世界已經不再像當年一樣被分割成了幾個毫不相關的部分，相反地，現在的每個部分都有聯繫。一個文科生，也要懂一些物理、化學，一個理科生，也要明白一點歷史、地理。這個時代，缺的是這樣的全才。

所以，二十幾歲最偉大的投資，就是把自己放在各個領域裡，瘋狂地閱讀，拚命地成長。讓這些思想長在你的身體中，讓這些文字刻在你的基因裡。

大學四年，圖書館應該是你去得最頻繁的地方，就算畢了業，書店也應該是你定期進出的場所。在那裡，你會遇見更好的自己。

這個世界的規律是這樣的：人的注意力很有限，如果不把時間花在讀書上，就勢必會把時間花在娛樂新聞、八卦緋聞上，這些東西會阻礙人的成長，在最應該反覆運算知識的年紀裡，許多人的認知水準卻留了級。

我自己喜歡這樣讀書。

當我拿到一本書時，我會先闔上書，問問自己，我想從中看到什麼，我想聽到作者告訴我什麼，或者說，我想跟這個有趣的靈魂，怎樣進行溝通。

接著我打開書，從目錄裡找答案，或者直接翻過去，找到那個位置，看作者寫的話。當有了答案，接下來我就會一點一點地讀了。

市面上有很多奇怪的讀書方法，有些人甚至教你用幾分鐘讀一本書，這些方法都是對讀書的侮辱，一位作者寫了一年甚至更久的書，你卻幾分鐘就讀完了。

而最好的閱讀方式，就是一個字、一個字地讀，因為作者是一個字、一個字地寫完的。

一本書最難讀的部分，其實就是前幾頁，當你讀進去，接下來你就在這個世界裡了。

有一次在發表會上，一個年輕人問我：「我平時不愛讀書，但龍哥，我就能看懂你的，這是怎麼回事？」全場爆笑。

我和他開玩笑：「我古典音樂也聽不懂，但一聽《小蘋果》，好聽呀。」

我繼續說：「但是，如果聽《小蘋果》讓我明白，這世界上還有音樂的世界，這世界還能讓我愉快、讓我提升，那麼，我會繼續聽《小蘋果》。」

我經常建議我的學生，不要看會立刻澆熄他們興趣的書，如果看了幾頁還是沒興趣，就趕緊放下來。再堅持下去，會喪失閱讀的興趣。這種興趣一旦消失，再想獲得就難了。

另一個誤解是認為要讀很多書。其實書不用讀太多，古人說學富五車，是因為那個時候的書都是手抄的，五車也沒有多少書。但現在，書越來越多，內容也參差不齊，你並不需要什麼都讀，你更需要的是讀許多好的書，而且一定要多讀幾遍。

許多好書，讀第一遍時你並不能感覺到它的美好，但是你讀到第二遍時，會忽然發現，作者竟然在這裡，埋下了一顆這麼大的彩蛋。

前些日子，我又讀了一遍《水滸傳》，忽然發現，原來在不同的時刻閱讀同一本書的感覺，是不一樣的。因為那個時候的你，和現在的你，已經不一樣了。

在三十歲前，我最感謝自己養成的一個習慣，就是閱讀。

比起寫作，我更喜歡讀書給我帶來的快感，**我知道我的年紀有時候不足以撐起我的思想，但許多我經歷不到的事情，都是書本裡的文字，把我帶到了現場。**

它讓你不出門，就知道那些事；它讓你在一無所有時，心裡還點著一盞燈。而這一盞燈，無論在哪裡，都能照亮你回家的路。

第三章

轉折，讓你更強大的契機

挫折會讓你變得更強大

在家閒來無事，我又看了一遍《X戰警：未來昔日》。

我很喜歡看超級英雄類的電影，這些看起來很簡單粗暴的影片，卻能給人帶來持續的感動。就像一個孩子，他可以不聽道理，不懂世俗，但他一定愛那些超級英雄熾熱的情懷。

年輕的X教授到了未來，看到了年邁的自己（多少人想要這種超能力），他對年邁的自己說：「我一使用自己的超能力，腦子裡的這些聲音就會壓垮我，這些聲音讓我太痛苦了。」

年邁的X教授很冷靜，說了句令人印象深刻的話：「**挫折會讓你痛苦，但也會讓你更強大。**」多麼樸實的一句話，確是許多年輕人不願相信的真理。

看完電影，我坐在書桌旁，問了自己一個問題：「如果你能穿越時空，回到過去，你會對過去的自己說什麼？」

我想，如果我回到過去，看到十八歲的自己，我也會說這句話：「李尚龍，不要害怕挫折，現在所經歷的挫折，都會在今後使你變得更強大。」

那如果你能穿越到未來，你猜未來的你會對現在的你說什麼？

我想，說的話也會是一樣的吧：「尚龍，你現在經歷的所有挫折，都是在為未來成為更好的自己，添磚加瓦。」

可是時間不能回頭，也不能飛快地度過，就算你想買回一秒鐘也不行。

賽凡提斯說：「時間像奔騰澎湃的急湍，它一去無還，毫不留戀。」

假如我們能穿越時間，聽未來的自己說一句話，這句話會是什麼？

我想，只有兩種可能，這可能，就像現在的自己會對過去的自己說的那般：

第一：「你那個時候為什麼不努力啊？」

第二：「感謝那個時候的你，才有了現在的我。」

那麼，你希望聽到哪一句話呢？

許多人說，三十歲是一個分水嶺。

往前走，到了中年；往後看，每天都是青春。

我不太同意，對於正在路上的人，無論多少歲，都是青春；對於浪費時間的人，他早就步入了中年。

仔細想想，少年時我們浪費了多少時間？

高中時我們盼望著畢業，大學時我們盼望著工作，工作時我們盼望著休息，上班時我們盼望著放假。我們永遠在盼望，從不活在當下，卻忘了未來的我們，也在盼望著過去的自己，甚至朝著自己大喊：「你能別盼望我嗎？我還盼望你呢！」

時光是不能回頭的，一個總期待著未來會怎麼樣的人，多半是現在過不好的。

同樣的道理，一個總是懷念過去多美好的人，也永遠不知道現在的時光才是最美好的。

《幸福論》寫到：一個懂得幸福的人，是一個既會為未來努力，又懂得享受當下的人。

而此時此刻，才是一個人的永遠，過好今天，就不會懷念過去，過好現在，就不會把一切都押在未來上。

曾經有一位朋友告訴我，你不必站在五十歲的年齡，悔恨三十歲的生活，也不必站在三十歲的年齡，悔恨十八歲的愛情。

最好的辦法是不要等，享受當下，並奮鬥。不要等到三十歲時，再去買十八歲時喜歡的東西；不要等到四十歲時，再去追求二十歲時愛上的女孩；不要等到五十歲時，再去做三十歲時特別期待的事情。

因為時光是不等人的。

三十歲時有了錢，卻發現十八歲時喜歡的樂高玩具早已沒有了意義；四十歲時買了房，才發現二十歲時愛的女孩早已嫁了人；五十歲時有了時間，才發現三十歲時想要玩的高空彈跳，早已超過了身體的極限。

人生最大的痛苦就是悔恨，悔恨過去沒有盡全力，悔恨走錯路，悔恨跟錯人，但青春是不會回頭的。

我經常會在課堂上跟許多同學分享，年輕的時候，一定要進步得快一些，要廢寢忘食，要加快腳步。這樣，你才能超越時間，超過許多人，在相對年輕的日子裡，收穫更加成熟的資源。那些遺憾，或許就少了很多。

那如果遇到挫折呢？

放心，所有的挫折，都是為了讓自己在未來，更強大。

曾經讀過一本書叫《少有人走的路：心智成熟的旅程》，作者是美國的一位心理醫生，直到今天我還記得書裡的一句話，大意是當一個人遇到困難需要克服時，需要學會的第一項技能，叫作「延遲滿足」。

所謂延遲滿足，就是放棄掉現階段的享受，去吃苦、去學習、去成長，為了未來能更好地滿足。

但事實上，許多人都沒有這麼做，當他們意識到生活是苦的時，他們就想盡一切辦法給自己甜頭。

人最可怕的，就是什麼也沒做，卻動不動就嘉獎自己。

你滿足了現在的生活，卻讓未來的自己越來越痛苦。

我讀軍校的時候，是我人生中最苦的日子：沒有自由，沒有希望。

當我意識到，苦是現階段不得不接受的磨練時，我明白了，既然生活已經很苦，那就讓暴風雨來得更猛烈一些。於是，我開始學習，我什麼都學：電腦、文學、數學、英語……後來我發現，**學習是最容易打破自己生活圈的方式，總有一項技能，會讓你突破現有的界限，到更高的地方去。**

可是那時我周圍的所有人，都在嘉獎著已經很苦的自己，他們玩遊戲、打撲克牌、抽菸、喝酒……

他們害怕生活對自己殘忍，於是持續善待自己，繼續嘉獎自己。但我意識到，既然生活對自己殘忍，那我就得對自己更狠一些。

果然，生活反而不敢對我下手了，我也終於看到了更好的世界。

後來我明白，所謂延遲滿足，是每個高手都具備的一項能力，這些人看著遠方，知道現在的痛苦，是為了以後更好的生活。

他們犧牲了現在的休息，堅持早起，最後考上研究所。

他們犧牲了現在品嘗美食的樂趣，堅持運動，最後減肥成功。

他們犧牲了現在的瘋狂時光，獨自學習，最後提升了生活圈。

這些都是延遲滿足，而這些延遲滿足，為他們換來了更大的世界。

直到今天，我依舊會夢到過去的自己，一個人在自習室裡，打開書，一章章地做筆記；在空無一人的圖書館裡，小聲朗讀著那些單字；在空空的教室裡，對著牆大聲背誦著那些文章。如果我能跟那時的自己對話，我想，我會走過去，對他說：「尚龍，你很棒，請繼續努力，我在未來等你。」

最後我想分享一個故事。「考蟲」在剛創立時，我們招募了一位老師，叫袁凱。那時他的女兒剛出生，家裡急需用錢。我們測試過他的授課能力，不出眾但也不差。

而那時，線上的老師需要比線下的老師具有更強的能力。因為線上課堂的一個班，有時候會有好幾千人同時線上，學生不停地出現一些古怪的言論，一位老師如果沒有強大的知識體系、控場能力，是很難講完一節課的。

一面是家庭壓力，一面是工作壓力，袁凱老師就這樣上臺了。

那段時間，我要上一門課叫「夜貓子學英語」，每天晚上十點半才從公司離開，但每次離開時，袁凱老師總是在自己的位子上，轉過頭朝著我笑笑說：「尚龍，你走吧，我來關門。」說完，他就轉回去看著電腦，繼續修改教案。

他每一節課都寫逐字稿，教案修改過幾十遍，上課前，一定要把自己的課講夠十遍以上，講得滾瓜爛熟，才敢打開用戶端，進入教室給學生上課。

有好幾次，都半夜十二點了，他還在盯著電腦修改教案；還有好幾次，我中午到公司，他趴在位子上戴著耳機睡著了。

他的認真讓我崩潰，因為在他之前，我是公司裡最認真的，他比我還認真，我的人設就崩塌了。

有一次，我決定挑戰一下他——立志成為公司裡最晚走的人。那天上完課，已經十點半了，但我就是坐在教室裡不走，等待著夜色沁透整個公司。

我看了會兒書，又看看錶，已經快一點了，我心想這回袁凱老師總走了吧。

我推開門，果然，他的位子空了。我非常高興，吹著口哨、戴著耳機，開始一個區域、一個區域地關燈，關到倉庫時，忽然耳機裡傳來一個聲音：「尚龍，你走吧，我來關門。」

我嚇了一跳，推開倉庫門，倉庫裡有一張床，他在床上修改著教案——這傢伙把床搬到了公司，睡前正在最後一遍檢查教案……

就這樣，我徹底服氣了，他的認真總能讓我這麼認真的人認命。

其實，這個世界上很多人認真的程度，遠遠沒有達到拚天賦的地步，我們無非是用天賦給自己的不認真找理由而已。

後來，他成了考蟲最受歡迎的老師之一。

我曾經在創業初期時問過他：「你這麼努力，每天都住在公司，想不想自己的女兒？」

他眼睛有些濕潤地說：「我很感謝我的妻子，因為她照顧女兒，所以我可以一心一意講好課，只要我講好課，我就能賺到錢，未來就能更好地陪伴女兒。」

又是延遲滿足。

幾年後，我在濟南辦簽書會請他來，那時他的女兒已經四歲了。簽書會結束後，我們喝了好多酒，每喝一杯，我們就換一個酒吧、換一個話題。

在一家酒吧裡，ＤＪ唱完了一首歌，中途有段安靜的時間，我問他：「你覺得生活苦嗎？」

袁凱告訴我：「尚龍，其實剛來考蟲時，我不太會講課，那個時候覺得生活有些苦，工作不容易。好在自己一直在努力，現在講課得心應手，也沒什麼好怕的了，也能有多點時間陪自己的女兒了。苦日子都過去了。」

我點點頭，又喝完了一杯酒。

那天，我們去了十幾家小酒吧，在濟南的胡同裡穿梭著，聊著自己的生活，聊著曾經的奮鬥。

他告訴我，現在的日子容易了很多，但他依舊感謝那個時候不放棄的自己。

那晚濟南的月光很美，我抬起頭，看著月亮和星辰想，如果我能飛到月亮上，而月亮上又有那個時候的自己，我會對那個時候的自己說什麼呢？

我想，我會對自己說：

「謝謝那些挫折，挫折會讓你變得更強大。」

人為什麼要奮鬥？

老媽終於還是來北京看病了。

她的心臟問題已經影響到了正常生活，四根血管堵住了三根。每次回到家，我都勸她到北京來看病，她就是不願意，我知道她怕給我添麻煩。

越長大，越覺得能為家裡做點什麼，但最後才發現最大的悲傷，是家人不願意麻煩你。

她知道我忙起來就天翻地覆，有時候連一頓飽飯都吃不上。但她不知道的是，沒有什麼比家人的健康對我更重要。

年中，我終於說動了媽媽來看病。我推掉了所有的工作，提前掛了號，但出發前，她把自己的膝蓋扭傷了。我媽就是這麼一個人，像個小孩似的耍花招。

後來我一個人回到了北京，臨走前我還跟她開玩笑：「妳就是不想去北京才故意把膝蓋扭傷的吧？」

媽媽笑嘻嘻地說：「我不想去醫院，北京還是想去的。」

我說：「那是因為北京有我呢。」

媽說：「別臭美，因為北京有我的外孫。」

就這樣，她又拖了半年。年底，她的膝蓋好了，我在家裡的群組中勸她來北京看看。在我的再三堅持下，她說出了自己的顧慮：「我去可以，但治這個病太貴，又得自費。」

我說：「媽，你來就好，其他什麼都不用管，因為有我在。」

她有點不好意思地說：「不能總花兒子的錢吧。」

我回她說：「就是，也要偶爾花點女兒的錢。」

我姐在回了一個親切的字：「滾！」

接著我姐又馬上私訊我說：「媽媽的事情需要我的話，我都在。」

我冷冷地說：「不需要，我有的是錢。」她傳了一堆罵人的表情。

那一瞬間，我忽然理解了，人為什麼要奮鬥。

因為一定會有一天，父母老去，孩子長大，而你需要做的，是讓他們體面地生活在這個世界上。你吃過的苦，不能讓他們再吃，這是你奔跑的理由。

所以，為什麼要奮鬥？因為只有這樣，你背後的家人才會有足夠的理由踏實、幸福地生活，才能體面地不為五斗米折腰。

二〇一八年底，我的劇《刺》因為影視圈的腥風血雨被耽擱了，什麼時候開機，誰也不知道。許多人的心裡充滿著抱怨，話裡也充斥著指責，但我忽然意識到，這是段極好的空閒時光，能讓自己看看書、寫寫東西、聚聚朋友。

但很快地，這部戲又進入了運轉階段，成了優酷在當年放行播映的第一部作品。

我很感謝自己在那段日子裡沒有浪費時間，沒有抱怨指責。那期間我在家裡把想看的十幾本書依序看完了，還參加了幾場酒聚，見了那些許久沒見的朋友。重要的是，在這個空檔期，我想明白了很多事，想清楚了許多一直沒機會想的問題。

「盡人事，聽天命」，這是人在成長過程中，需要擁有十分重要的智慧。改變能改變的，接受不能改變的，用智慧去分辨兩者的不同。人事盡夠了，天命不可違。

其實許多事情，都不是人能決定的。人太渺小，在生命和時間面前，就像螞蟻一樣，無能為力。

那為什麼還要奮鬥？

因為，至少還有很大一部分事情是事在人為的。把自己能做的都做了，就足夠了。如果有上帝，也一定是你去踩自行車的左邊，而上帝幫你踩右邊。你要踩好自己的這一邊，拚命踩。就算是一隻小螞蟻，也要有自己的決心，有自己的格調，有在天命下不低頭的靈魂。所以，讓自己變強，永不低頭。

一晃，我都三十歲了。

每年年初，我都會和幾位老朋友在一起喝酒吹牛。依稀記得，年初我說今年要出兩本書，上足一百節課，跑足一百場簽書會，還要寫完明年的小說。朋友也趁著酒勁，講了講自己的計畫。我知道誰也不信誰，都是酒後之言，人不可能一年都豪情壯志，一年都熱血滿腔。

但我做到了。

二〇一八年，我出版了兩本書，都還算暢銷，《刺》還推動了校園暴力的立法；我果然上足了一百多節課，除了英語課，還開了一門讀書課，以及「重塑思維的十五堂課」。

二〇一九年，我做的事情更多，我把《人設》《你沒有退路，才有出路》「生」了出來，《刺》的拍攝殺青了，我也抓緊寫完了這部你正在讀的作品。這幾年，我幾乎跑遍了中國所有的一線城市，見到了無數讀者，一邊簽書會，一邊上課。

每住一家飯店，我的第一反應就是想這裡的網路會不會很糟，我準備了兩具手機、一組無線路由器，反覆測試，確保安全。

天知道為了上完一門課，要做多少準備。我時常在上完一天的課後，才發現今天一天都沒吃東西。上課前我總會找一個健身房，瘋子似的跑上半小時出出汗，在進入課堂時保持最好的狀態……二十幾歲的日子，我過得瘋狂，過得大汗淋漓，過得爽。

一晃眼，「考蟲」這個創業三年多的小團隊，已經是個快要有五百人的大公司了。我知道公司大了，許多事情都不再是當年的模樣。人多的地方就是江湖，江湖就是千變萬化，江湖也會是爾虞我詐。

每到公司，我都提醒大家，勿忘初心，不要被世俗改變。至少，直到現在，我們一直是這麼做的。

二〇一九年的後半年，我終於決定卸下英語測驗四六級授課的擔子，把精力轉移到其他專案的開發上。記得上完最後一節課時，我給大家唱了首《知足》，自己躲到了房間裡，一抬頭，哭得像個傻子，因為這首歌其實是我唱給自己聽的。

我知道，我終於要往前走了，要跟這些經歷說再見了。但這些，伴隨著我最青春的年華。依稀記得，剛當老師時，我把每道題的解題步驟都用逐字稿寫下來，每張講義上，都密密麻麻寫著幾種解題方法。

為了背下這些解題思路，多少個夜晚我挑燈夜讀，第二天掛著黑眼圈站上講臺。這些年，上過我的課的孩子少說也有幾百萬。一根網路線，改變了那麼多人的命運；一片電腦螢幕，給予了那麼多孩子希望。值得了。終於，要和這些說再見了，也要和這些日子說再見了。人生啊，就是不停地說再見，和過去說再見，和現在說再見，和別人說再見。

這一年，也有幾位朋友離開北京，走前我們喝了頓酒，沒流淚，沒感傷。有人說我成熟了，是的，成熟就意味著你不會再因為不可控的事情失態，不會再因為執念難過，不會再把情緒放在臉上。

成熟意味著你開始懂得：這世界上沒有不散的宴席，相聚就是分別的倒數計時，任何人都會離別的。所以，相聚時，再用心一些；重逢時，再用力一些，這樣就很好。

人為什麼要奮鬥？因為你要有選擇的權利，你要有說不的權利，你要有不悲傷的權利。

這一年，我每天都很累，喝了不少酒，卻依舊想不明白人生，熬了不少夜，卻依舊看不清未來，一晃眼，三十了。

但還好，我一直在路上。這一年我走得很慢，但每一步都很踏實。要問問自己，你是不是站著的，你是不是無愧於心，如果是，就很好。

自己最大的改變是，丟掉了許多執念。例如我不會再用盡全力把朋友們都綁在身邊，不會再因為自己沒做成功的事情責怪自己，不會再要求自己一定要完美，不會再把自己逼到絕境。所以，要接受自己的不完美，要原諒別人的不體面。人生本來就很難，要努力快樂著，朝著前方，並記錄下來。

你最好的一天，是明天

我不知道你有沒有看過流星，我看過，那是十年前，我剛剛讀軍校的時候。

我的父親是一名軍人，他希望我跟他一樣，於是大學入試結束後，我報考了軍校。剛進軍校的兩個月，我們接受了艱苦的訓練，訓練的最後一項，是把大家拉到河北附近的一個野外，給你一把槍、幾發空包彈、三天的乾糧、一張地圖、一個指北針，幾個人一組，二十天之內從河北走回北京。

從那個地方到北京，路程是三百多公里，前幾天大家都覺得自己是在郊遊，非常高興。我不一樣，我特別能吃，何況乾糧順口，我一天就把三天的乾糧全吃了。後面幾天我就偷班長的乾糧，我的班長是我見過的那個學校裡最愛讀書的人，他文質彬彬，很有修養，一點也不吝嗇地把東西都給我了，但等到我們所有人的乾糧都吃完了的時候，真正的考驗才正式開始。

第一個考驗：饑餓。我們在餓了幾天後，發現不吃飯是走不動的。雖然學校有非常嚴格的規定，抓到偷老百姓糧食的，立刻開除，但是因為當時餓得實在受不了了，我們就開始偷村民的番茄、蘋果、馬鈴薯。

前幾次我們偷得都很順利，有一次，我的班長忽然大喊一聲：「快跑！」我仔細一看，一隻哈士奇追了出來，可能是那家養的。那狗站起來有一人高。我當年的身手不錯，兩三下就爬上了樹，狗上不了樹，我安全了。

可是我的班長還在下面，我心想也救不了他，於是就在樹上安心地看著他逃跑。他圍著樹跑了好幾圈，他速度很快，快到不僅狗追不上，他還好幾次差點從後面追上了狗，可是哈士奇太笨，不知道轉身就能咬到他。追了幾圈後，班長和狗都累了，兩者四目相對。忽然，班長對著狗笑了一下，我在樹上看得毛骨悚然。

他大喊一聲：「我為什麼要跑，這不是肉嗎？」說完，他就拿起一塊磚頭撲了過去，狗一看他拿著磚頭走了過來，竟然嚇壞了，調頭就跑。我趕緊從樹上跳下來，一把抱住班長說：「你冷靜，千萬別這樣。」

那是我第一次明白，饑餓是能讓人改變的，無論這個人多麼有修養，讀過多少書。當一個人餓著肚子時，就別談任何夢想、教育、修養，填不飽肚子，說什麼都是白搭。

有一天，我們餓著肚子走了二十多公里，到了晚上，我們搭上了帳篷，在帳篷裡打牌，忽然間，電閃雷鳴，風雨交加。

那是我見過的最大的一場暴雨，暴雨中還降溫了，我們經歷了第二個重大考驗：寒冷。

我們沒有帶額外的衣服，任憑雨水淋濕了衣服和褲子，在寒風中饑寒交迫。

那是我第一次感受到大自然的威力，我在雨中祈禱著，快停下來吧，我受不了了。不知過了多久，班長告訴我，雨停了。我走出帳篷，一抬頭，看到了一束流星劃過天際，我剛準備說：「好美啊。」

班長一腳踢了過來，說：「快許願，還等什麼？」

我趕緊閉上眼睛，可是腦子一片空白，睜開眼睛時，流星已經劃過去了。

是的，我什麼願望也沒許，在那種饑寒交迫中，你只會想活著就好，除此之外不會有任何念想。可是就在當晚，我告訴自己，永遠不要再讓自己挨餓受凍，也永遠不要讓身邊的任何一個人，跟我一樣經歷這樣的饑寒交迫。

我要在最年輕的日子裡，努力學習，磨練出一技之長，變得不可替代，今天我吃的所有的苦，就是為了以後不讓身邊的人，跟我吃同樣的苦。

回到北京後，我鑽進了圖書館，大學四年我幾乎每天都在圖書館度過。我苦練英文，每天把自己關在一個房間裡，練習四十分鐘到一個小時，從未間斷，養成了一個很壞的習慣——走在路上喜歡自言自語，旁人常常投以同情的目光。

後來，我成了英語老師。

我的姊姊第一次來到北京時，她看到我住在那麼小的房間裡，就問我：「你自己住那麼小的房間，為什麼幫我租了個那麼大的房間？」

我開玩笑地說：「因為我想感受一下痛苦，磨練一下我的意志，從而寫出更好的作品。」

其實真正的原因是，那時我給自己定下了一個目標：我吃過的苦，我不會再讓身邊的人吃。我今年快三十歲了，自我懂事以來，我從未讓我的父母、親人、朋友吃過我當年吃的苦，我想以後也不會。謝謝那一束流星，我知道你在為我顯靈。

《小王子》裡面說：「星星發亮，是為了讓每個人有一天都能找到屬於自己的星星。」

所以，當你看到流星時，就算來不及許願，也要努力地找到屬於自己的那顆星星，並讓星星的光，照亮身邊的人。

三十歲前我想起的第二個故事，是在演唱會現場。

我不知道你有沒有看過演唱會。

二〇一三年，五月天來鳥巢開演唱會，那個時候我已經成了一名不錯的英語老師，收入還行，能勉強維持生活。但我的生活像上了發條一樣，每天上十個小時的課，一模一樣，沒有變化。

第一年這樣的課量讓我還覺得自己的能力提升了不少，可是到了第二年、第三年，重複的生活壓得我喘不過氣，我開始不修邊幅，不洗頭、不理髮，鬍子一大把。從一個校區到另一個校區，面對不同的學生，講一樣的課。

我的朋友尹延老師看我很痛苦，就送給了我一張演唱會的票，說：「你不是喜歡五月天嗎？我剛好有一張票，你去看看吧。」

拿到那張票的剎那，我熱淚盈眶，不是因為感動，而是因為他真狠，送票不送兩張。但我含著眼淚，還是去了。因為票不能浪費。

當阿信唱到〈突然好想你〉的時候，我像是被拉回到了童年，我想起那個時候充滿著期待的眼神，我想起那個時候對生命的好奇，想起喜歡女孩的背影，再對比現在千篇一律的日子，我忽然感覺到一種說不出的累，就像不曾活過一般。可是，自己除了上課還能做什麼，還會做什麼呢？

想到這裡，我很絕望。我不想一輩子都在上課，不想一輩子沒有生活，但自己又沒有其他的能力，我的努力根本配不上我的野心。所以，當聽到阿信的〈我不願讓你一個人〉時，我焦慮地流下了眼淚。

這時，我周圍的一對情侶也哭得稀里嘩啦，那個女生給了我一張面紙說：「朋友，我知道你現在很痛苦，如果你想她，就給她打電話吧。」

於是我打了個電話給尹延老師說：「你為什麼不送我兩張票？」說完，我真的哭了。

回到家，我在日記本上寫道：「我不想讓自己的生活有規律、無意義地迴圈下去。」

可是，我能做什麼呢？我什麼也不會啊。

於是，我決定做些改變，每天下課回到家，我開始讀書、寫作，我推掉了晚上的所有活動，在家讀書、寫作堅持了兩年。兩年之後，我出了第一本書，叫《你只是看起來很努力》。

很多人以為寫作是一件很容易的事情，只有我知道，寫一本書需要大量的知識儲備，需要大量的練習並持之以恆。也是在那個時候我明白了，當你發現現在的生活不是你想要的時，你一定要問，什麼樣的生活是你想要的，重要的是，你要為你想要的生活，做點什麼。

人的青春很短暫，如果不努力為了想要的生活去行動，就會被迫過上被動不得已的生活。

今天，我終於不用再無休止地出賣自己的時間去生活了，我可以告訴自己，現在的生活，正是我當年想要的，但這背後付出的努力，是許多人無法想像的。

尼采說：「每一個不曾起舞的日子，都是對生命的辜負。」

一個人要去舞蹈，才能看見時間的美好。欲戴王冠，必承其重，桂冠和荊棘互為左右，光鮮和苟且互為前後，有光的地方會有烏雲，有烏雲的地方必會有光。

我的第一本書出版後，出版社不怎麼推廣，為了讓這本書活下來，我自費去全國各地簽書會，我住過三十元一天的招待所，周圍都是打呼聲，還有情侶的尖叫聲；我睡過肯德基，在酒吧邊上拿著啤酒談人生；我講過一個五百人的教室只來了三十個人的場子，當時一個年輕人告訴我，雖然今天來的人少，但是她叫我別灰心，下次她一定帶著朋友一起來。我很感動。當然，那是我最後一次見到她。後來，我的第一家出版社欠了我一百多萬元的稿費，倒閉了。

現在回想起來，當初我自費去簽書會是沒有獲得任何經濟利益的，但正是因為在那段日子我沒有停下前進的腳步，所以，我聽到了讀者的聲音，明白了接下來的創作方向，磨練了自己，提升了自己的演講能力。也因為那段時光的不屈不撓，我和我的公司都活著回來了。

今天，我終於度過了那段最黑暗的日子。

但這一切，我用了四年，這四年我沒有什麼特別的方法，真正的方法只有一個，就是堅持：我時刻在寫作，時刻在思考，永遠在路上，絕對不停歇。

作家三毛說：「夢想，可以天花亂墜；理想，是我們一步一個腳印踩出來的坎坷道路。」

詩人穆旦說：「這才知道我的全部努力，不過完成了普通的生活。」

我說：「你只有足夠努力，才不會讓青春有悔。」

在三十歲前，我想寫的第三件事是一個人若想改變世界，應該先從身邊開始。

在一個下午，宋方金老師跟我說：「《刺》的演員決定了，是演員蘇青。」

我嚇了一跳問：「是最近很紅的那個蘇青嗎？」

宋老師點了點頭。到了晚上，我們在一起吃飯，我認識了這位當紅的演員蘇青。喝了兩杯，我跟蘇青說：「我昨天晚上剛看了妳演的電視劇，我很喜歡妳演的角色。」

她問我為什麼寫《刺》，我沒回答，只說：「等妳演的時候，就知道了。」

一個月後，我去廈門探班，在一家醫院裡，正好演到韓曉婷的父親去世那個橋段，我坐在監視器前，看著蘇青淚如雨下，眼睛瞬間就紅了。我改簽了機票，當晚就飛回了北京。我和導演告別，說：「謝謝導演，這部戲必將改變時代。」

上飛機前，我收到蘇青發給我的訊息：「謝謝你的咖啡，謝謝你的韓曉婷，我們就一起期待著吧。」

這些年，我最驚嘆的就是那些曾經在電視上才能出現的人，逐漸走入了我的生命。我感恩這種緣分，重要的是，我們還能在一起做一些改變，這些，是我從來沒有想過的。

從小到大，我都沒有什麼超級偉大的夢想，我只想從身邊開始做一些簡單的改變，有時候變著變著，就變到了更遠的地方。

二〇一七年，我在廣西的一所學校辦簽書會。有一個孩子，小時候被車撞傷，智力出現了問題，父親也因此離開了這個家，他在單親家庭中長大。

在我和學生們互動問答的時候，他站起來提問，全校同學爆發出了令人難受的刺耳笑聲，而且，連續笑了三次，我問校方這些笑聲是為什麼。

他們說這個孩子性格孤僻，但喜歡讀書，他不善交流，講話還有些結巴，總被大家欺負。

那是我第一次在簽書會現場勃然大怒，我拒絕了當天的簽書會，回到飯店，發了一則貼文，說這個學校可能存在校園暴力。結果，這個學校的學生有組織地對我進攻、謾罵，說我汙衊他們的學校，想藉著他們的學校點火製造話題。

他們學校只有幾百名學生，當時我沒有說出學校的名字，因為我只針對校園暴力，不針對學校，結果他們學校的學生跑到我的網頁裡大罵。我的粉絲就問他們是哪個學校，他們就公布了自己的校名。

愛校主義是施暴者最後的庇護所，每次當網上的憤怒衝著學校的不作為時，總有那種愛校的熱情蓋過了正義。這種愛校主義，在我眼中，就是無恥的。

依稀記得，還有人發了私訊威脅我說：「李老師，我希望您別管了，別忘了您還在廣西。」

還有人在我酒店的門口敲了三下門，然後消失，留下了一封恐嚇信。

在飛機起飛時，我忽然意識到了恐懼，我恐懼的不是這些學生，不是這些以愛校主義為擋箭牌的利益集團能把我怎樣，我恐懼的竟然是，沒有一個人認為那些刺耳的笑聲是有問題的，沒有一個人認為這個孩子被欺負、被欺淩了，甚至沒有一個孩子明白什麼是校園暴力。這些年我一直覺得，人們陷入正義的盲點時，就是創作施展才華的時候。於是，我回到北京，持續關注著這所學校，連續發表了幾篇針對校園暴力的文章。

後來這個學生註冊了一個帳號，他為了感謝我，大頭貼是我演講時的照片，我很後悔當初沒洗頭。這位學生對我說：「龍哥，自從您關注了我，再也沒有人欺負我了。」

這個聽起來很簡單的故事，背後並不是這樣的，我記得當地的書店，以拒絕付款威脅，要求我刪除貼文。我倒不在乎錢，這種黑錢，不賺也罷。但當時許多利益方都懼怕損失，好說歹說，我還是刪除了貼文。

但我多聰明，我又在另一個社群上，發表了一篇文章。最後他們找了各種人來說服我，那天晚上，我還是刪了貼文。他們逼著我和他們達成一致：不准在社交媒體上發表這件事。

那天之後，我關閉了自己的社交媒體平臺，拒絕了任何人的遊說，我進入了閉關期，等到再次出關，我帶來了這本書《刺》。

這本書剛剛上市，就占據了各大排行榜的第一名。在書中，我憤怒地寫著「天使不登臺，魔鬼不退場」。

就在二〇一八年年初，全國兩會第一次提出了校園暴力的問題，十二屆全國人大內務司法委員會副主任委員王勝明表示，全國人大內務司法委員會建議修改《未成年人保護法》和《預防未成年人犯罪法》，提出針對性的解決辦法。他還說：「一件事大家都重視了，離解決這個問題就不太遠。」

很快地隨著越來越多的人的關注，越來越多的城市也提出要立法立規，直到今天，許多中小學都有了反對校園暴力的辦公室，更多的孩子被保護了。隨後，相關部門公布了資料，近三年校園暴力案件呈逐年下降趨勢。

而這時，再也沒有人說我不務正業了。要不了多久，《刺》這部劇就會跟大家見面，我想把蘇青的話帶給你們：「我們就一起期待著吧。」

著手眼下，或許你才能看到整個世界，如果你只盯著整個世界，那麼到頭來什麼也看不見。

所以，三十歲前究竟要做點什麼？

我覺得三十歲前需要做的，就是**讓今天的自己比昨天好那麼一點點，讓今年的自己比去年厲害一些**。

三十歲前的日子，是成長的印記，是青春的痕跡，也是時光的日記。

二十幾歲的青春，是不願意和別人一樣的動力，是持續改變的努力，更是堅持拚搏的耐力。

所以，只要你還在路上，你終究會看到更好的自己，不要停下前進的腳步，要看著陽光，照亮身邊的一切。

我曾經寫過一句話：「下次見面，讓我們彼此都更好些吧。」每次相見，其實都是一個中繼點，你可以反思過去，憧憬未來，珍惜現在。

我記得，有一個孩子第一次來參加我的簽書會，是準備考試最關鍵的時候。第二次見到我時，她已經考上了愛丁堡大學。

這是我聽到的最美的消息，因為她的今天總比昨天好，今年比去年棒，哪怕只有一點點。

希望你也一樣，能一年比一年更好。這樣，到了三十歲，你就能驕傲地說：「雖然我依舊不算成功，但至少，我沒有辜負二十幾歲時的青春。」我想這也是生命中最好的意義。

總有人問我：「你最好的一本書是哪一本？」

我說：「下一本。」

同樣地，當有人問你：「你最好的一天是哪一天？」

請你一定要回答他：「明天。」

三十歲，還有沒有機會？

我看過一部紀錄片，導演採訪了三組小孩，每一組跟蹤了二十年。

第一組孩子來自美國的富人區，他們每天接受最好的教育，時常有一對一的家教。他們每個人在小學時就有了自己的電腦、圖書館還有專屬的足球場。畢業後，他們幾乎都考上了史丹福、哈佛這樣的名校。三十歲那年，這些人都成了社會菁英，在各個崗位上發光發熱。

第二組孩子來自美國的中產階級，他們也學習，也讀書，但因為資源匱乏，他們大多數人沒有更好的教育資源和生活資金。他們沉浸於娛樂新聞、花邊圖片，他們最喜歡看《花花公子》雜誌和漫畫書。畢業後他們找到了屬於自己的工作，以打工為生，在三十歲前，也都不約而同地結了婚，有了孩子。

第三組孩子來自美國的貧民窟，許多孩子從小就沒了父親，在充斥著毒品、暴力的街區中長大。這些孩子從小就學會了叛逆，為了生活要一邊忙著偷東西、打零工，一邊忙著和老師頂嘴、被老師體罰，他們在這樣的環境中度過了自己的青春。這些孩子也很快長大，他們要麼從事底層的勞動，要麼就走上了吸毒、偷竊、搶劫的道路。

但在第三組裡，有一個孩子有了不同的結局。他不合群，每天都跑去市中心的圖書館裡讀書，別人一開始不讓他進，但他很執著，就一定要待在那裡。最後，這孩子考上了名校，成了美國某州的州議員。

英國也有一部紀錄片，叫《人生七年》，聚焦了十四個不同階層的同齡人，分別在七歲、十四歲、二十一歲、二十八歲、三十五歲、四十二歲、四十九歲、五十六歲時對他們進行了訪談。在這些故事裡，我們無一例外地看到了兩個道理：

第一，階層正被固化。

第二，總有一些人，突破了階層，實現了個體的超越。

我曾讀過俞敏洪的《我曾走在崩潰的邊緣：俞敏洪親述新東方創業發展之路》，在二十世紀的九〇年代，出國意味著能力出眾，事業成功，而留在那裡並找到工作的人，寥寥無幾。這些年，許多出國定居的人，竟然也紛紛回國。因為只有在自己的土地上，你才有改變世界、突破自己的可能。

可是這片土地太大了，如果精確地說，我想告訴你，盡量來大都市，因為在大都市裡，你能有更多的可能。

這些年每次辦簽書會，都會有同學問我：「我們現在一無所有，以後的生命還有什麼可能？」

我的回答永遠是：「雖然我不知道這些可能具體是什麼，但我知道，有很多很多很多可能。」

也有人問：「如果中國的階層也被固化了，我該怎麼辦？」

我的回答是：「但是，個體永遠永遠永遠不會固化，你可以透過努力，去任何自己想去的地方。」

我是二〇〇八年來到北京的，那個時候，我背著一個包，口袋裡只有一支手機，口袋裡有五百塊錢，什麼背景也沒有，什麼人也不認識。

一晃，我已經在這座城市待了十二年，我不敢說自己很成功，但對比那個十八歲的自己，至少我現在越活越像自己。

後來我才發現，有許多人都是這樣，他們一無所有來到了大都市，透過努力得到了改變。他們拚命努力，沒有機會就創造機會，他們撞得頭破血流，卻平靜地過著每一天。

我也曾想過逃離這座城市，但我依舊熱愛這座城市，因為我知道，只要堅持下去，總能看到自己更多的可能。

你可以在小城鎮裡學到知識，但大都市能給你更多的見識。這些見識，能讓你交到更好的朋友，進入更珍貴的圈子，學到更不可替代的技能。你的生命，當然有太多可能。

從小父親就告訴我，在迷茫的時候，也別忘了這麼兩件事：學習和希望。**希望是一個人在絕望時的火柴，而學習就是那燈芯上的油，火柴點燃了油，你就能看到光**。

我今年三十歲了，依舊認為，學習和希望是人這一生中最重要的兩件事。

有人問：「如果我也三十歲了，還一無所有怎麼辦？」

我想告訴你，不用擔心，現在一點也不晚。三十歲剛剛開始。你有無數種可能，讓自己從零到有。

在我教過的學生裡，有透過努力考上研究所的，有一無所有創業成功的，有進了大公司年薪百萬的，還有從知名大學畢業賣小龍蝦也實現了財富自由的。

這些人正在告訴你，三十歲，一切才剛剛開始。

我曾經聽過一場演講，講題為《寒門貴子》，演講者是我的好朋友劉媛媛。媛媛用自己的故事，告訴人們一個簡單的道理：寒門的確難出貴子，但不是不能，而學習是最簡單、最廉價的方式。

劉媛媛是《超級演說家》第二季的總冠軍，在此之前，她不過是河北一個縣城裡非常普通的一個女孩子，自己透過努力考來了北京，又寒窗苦讀，考上了北大的研究所。

媛媛《寒門貴子》演講影片的傳播範圍廣得很嚇人，我在遠方田間地頭的親戚都聽過，他還告誡身邊的女孩子：「別像這個女孩子一樣，瘋了。」

我們在北京經常一起喝酒吃飯，但往往都是我約她，因為我怕她沒錢請我吃飯。直到有一天，劉媛媛竟然主動傳訊息給我：「龍哥，我請你喝酒。」然後接著說：「龍哥，我買房了。」我叼在嘴上的肉忽然掉在了桌子上。

她繼續說：「還是一次付清哦。」此時，我的筷子也掉了。

這個消息令我非常崩潰，因為大家知道，當你的朋友買了房而你沒買時，這總顯得你不夠努力，而努力就是我的人設。更何況，對方的人設還是寒門，我從來沒說過自己是寒門，這回好了，我成了寒門。

接著，媛媛講了很多類似知識改變命運的話，的確，她一直在工作，從未停歇。就這樣，媛媛的人設崩塌了，她的寒門讓我寒冷，而我，不僅人設崩塌，人生也遭遇了塌方。

但我聽過一個「密友五次元理論」，意思是，你的身分地位甚至金錢，是由你身邊五位密友的平均值決定的。

幾天後，我和另外幾位朋友在一起吃飯，劉媛媛姍姍來遲，我看了一眼飯桌，嚇了一跳，因為加上我剛好是五個人。

於是，我悄悄地問身邊的朋友：「你們知道嗎？今年，媛媛買了房，還是一次付清，這是個什麼世道？」

結果，一個朋友吃了口菜，說：「哦，我是去年買的。」

另一個朋友說：「我是前年。」

性。

接著，大家紛紛交流了自己的買房經驗，以及表達著努力學習和工作的重要性。

我坐在酒桌上，自卑到無法自拔。這時，最後一位朋友摸了摸頭，我渴望地看著他，他說：「我沒買房，不丟人吧。」

我趕緊說：「當然不丟人。」

他繼續說：「我爸媽在我出生前，就幫我準備好了幾間房。」

事已至此，我並不憂傷。

我想，和我這麼親密的朋友們都買了房，還都是一次付清，根據「密友五次元理論」，他們都買了，我還會遠嗎？

後來，我解除這些人的朋友關係。當然這是開玩笑的，因為買不買房只是一種選擇。

其實媛媛並不算寒門，因為一個人的富裕程度，應該取決於自己是否有知識，是否讀過書。讀書可以讓人變得富裕，甚至可以讓人變得有錢。

媛媛的故事告訴了我一個很深刻的道理：你要永遠向前，你的生活裡就不會缺錢。你只有讀書，才不會服輸。

在這個時代，你有無數個改變自己、提升自己的機會，而知識，是最好的上升階梯。

為什麼知識是最好的階梯？因為**知識能改變一個人的認知，能打破你固有的經驗主義思維，而認知能改變一個人看世界的方法和角度**。

我讀過一本書，叫《貧窮的本質：我們為什麼擺脫不了貧窮》，這本書提出了窮人的三種思維：

一、缺乏有效的避險工具。

二、不做遠期規畫。

三、對超出認知的東西充滿執拗和偏見。

而讀書和學習，就是一種能打破現有偏見、執拗，提高認知的最好方式。

在上課的時候，我經常會推薦一本書，叫《富爸爸，窮爸爸》，這本書在我創業時給了我很大的啟發，作者有兩位父親——親生父親和企業家爸爸。

他的親生父親總說：「貪婪是萬惡之源，人就應該懂得節制，不要渾身都是銅臭味。」

而另一個企業家爸爸總是說：「貧窮才是萬惡之源，貧窮會放大人向惡的一面，會把人們向善的一面磨滅掉。與此相反，有錢才會幫助到更多的人，才會消滅掉世界上更多的惡。」

親生父親如果遇到一個特別貴的東西，總是會習慣性地說：「這個我可付不起。」然後就不再去想這個問題了。

企業家父親會堅決禁止作者說這樣的話，從而不准他這樣想問題。他總是會讓作者這樣想：如果我要買這個東西，我要怎麼去賺錢才能買得起。

親生父親總是說：「政府太黑心，我們三分之一的薪水都被拿去繳稅了。」

企業家父親總是說：「政府就是應該收稅呀，不收稅怎麼營造一個公平的市場環境？稅收本來就是獎勵勤快人、懲罰懶人的工具。」

親生父親總是勸他：「你要好好學習，以後就能找一份好工作，就能養活自己了。」你聽，是不是和我們大多數家長說的話差不多，要好好學習，不好好學習以後找不到工作。

企業家父親卻總是說：「你要好好學習，這樣以後你就能開自己的公司，創造很多就業機會給別人。你看見好的企業還能收購他們，給更多的人工作機會。」

親生父親只要在飯桌上，就不准談錢，只能安安靜靜地吃飯；而企業家父親只要在飯桌上，就一直在談生意，從頭到尾說個沒完。

親生父親偶爾談到錢，也都是用非常小心謹慎的態度去說，花一筆錢都會思前想後，就像割自己的一塊肉一樣疼，生怕花出去的錢就再也回不來了；而企業家父親不會這麼拘謹，他告訴作者要學會風險控制，一旦在風險控制之內，就用錢大膽地去投資。

親生父親總是會把帳單拖到最後的期限才支付；而企業家父親就不會，他會預先支付帳單，絕對不會出現逾期的情況。

親生父親總是相信，政府會滿足人民的需求；企業家爸爸就完全不相信這一套，他認為一個人要始終對自己的財務狀況負責，持續學習才是最好的保障。

後來，兩位父親都去世了。親生父親留下了一大堆銀行帳單，而企業家父親留下了數億美元的資金做慈善。

一個人的思路，往往能決定這個人的一生；而持續學習，能改變一生。

所以，如果有人繼續問我：「三十歲還有什麼機會？」

我的回答是：「每個年紀，都會有不同的機會，但機會永遠有。三十歲，才剛剛開始。」

機會，和年紀無關。

前陣子，我讀了一本《百歲人生：長壽時代的生活和工作》，書裡提到如果一個人真的能活到一百歲，我們熟悉的三段式人生或許會蕩然無存，而我們要過上多段人生。

以前六十歲就要退休，現在五十歲才剛剛過了一輩子的二分之一，那三十歲呢，是不是才剛剛開始？更何況，你現在才二十幾歲，只要你還有一顆敢想敢做的心，這世界的機會，多著呢！

願你一直在路上，義無反顧地奔跑。

反思的力量

前陣子，我採訪了許多優秀的人，問了他們三十歲前讓自己最受益的思維模式是什麼，他們無一例外地告訴我兩個字：反思。

深夜我坐在電腦旁，對著這個題目，敲下了第一行字，我確定他們說得對。

人在任何情況和任何年紀，都會非常害怕兩種狀態：

一、忙到沒時間反思。

二、覺得自己特別厲害，不用反思。

這兩點，是阻礙自己進步的關鍵。

我見過很多到中年依舊沒有進步的人，他們都具備以下的狀態：忙到回家倒頭就睡，往往第二天還會被事情牽著走，沒有改變；越是覺得自己厲害，越不愛學習，進而覺得自己什麼都知道，最後把自己逼進了死胡同，好學的人總覺得自己什麼都不知道，而無知的人總覺得別人什麼都不知道。

我很幸運，我是在二十幾歲的尾巴上，學會反思的，而那些反思，幫了我很多。

每到夜幕降臨，夜深人靜時，我總會找個安靜的角落，拿起一本書，像拿起一面鏡子一樣，照著書裡書外，開始一天的反思。

那天晚上，我先洗了個澡，又渾渾噩噩地拿起一本書躺在沙發上，開始晚上的閱讀。這是我這些年的習慣，如果晚上沒有局，我就會躺在沙發上一動不動。忽然，一句話映入眼簾：「人的墮落，是從身材失控開始的。」

我放下書，抬頭看了看天花板，走到了廁所的鏡子旁，鏡子裡那個胖子，到底是誰？是啊，從開始工作到今天，我已經墮落了多久？我總說工作忙，可是那是不是只是藉口？我想快到中年了，我是不是還要繼續油膩下去？於是，我開始反思自己的生活。

我不是從未重視過自己的身材，在二十四歲的時候，我曾經減過肥，那段時間我每天跑五公里，早上吃一頓飽飯，中午晚上不吃，一個月就瘦了十二公斤。但不幸的是，我不僅在三個月後成功反彈，還在五個月後反彈到了更高的重量。

從那之後，不僅我的信心受到了嚴重的打擊，而且我的體重也居高不下。我看著我的雙下巴和大肚腩，不知如何是好，只能認命。

但那天，我決定做點什麼，我放下書，走進書店，開始尋覓關於減肥的書。這些年我有個好習慣，但凡遇到不懂的，我總是會在書中尋找答案。我知道，我到達不了的世界，書本總能幫我找到通向那裡的路徑。

我找到了幾本書，上面寫著一些食譜，也寫著一些運動的方式，但每一本書的背後，都清楚地寫著兩個字：堅持。

隨著年紀的增長，我越來越明白堅持的意義，二十幾歲時的堅持有時候比努力還重要，但我也越來越明白，堅持是要付出代價的。你堅持節食，就減少了暴飲暴食的喜悅；你堅持獨處，就減少了戀愛的歡喜。

我有一個朋友，他每天晚上都節食，半年後透過自己的努力有所成，但在北京他一個朋友也沒有了。在這個行業，不社交，就等於沒朋友，可是兩者兼得，談何容易。但生活又何曾容易過呢？

於是我決定，要做點什麼。

我給自己列了個食譜，按照書上的內容，計畫每天早上吃什麼、中午吃什麼。

我在這裡要特別感謝兩本書《穀物大腦》和《去你的脂肪》，這兩本書裡有非常詳細的方法，簡單來說，叫高脂肪低碳飲食法。

如果晚上實在有飯局，我就會把早上和中午的飯量減半，晚上如果特別想吃東西，我就在手上戴橡皮筋，時不時彈自己一下，提醒自己別吃了。

我推掉了無意義的飯局，用這些時間在健身房裡鍛鍊。我辦了一張健身卡，每週運動五次，不是跑步就是游泳，在這裡也要特別感謝兩本書《運動飲食1：9》和《運動改造大腦》，戒掉了主食、糖等碳水化合物，我開始進行規律性的運動。

重要的是，我決定堅持下來。三個月後，我整整減了十五公斤。而這一回，我終於沒有復胖。

那年的簽書會上，我清楚地記得讀者們朝著我大聲呼喊：「尚龍，你是不是做抽脂手術了？」

我回答說：「抽脂我應該先抽臉啊。」

在一片笑聲中，他們讓我傳授減肥的秘訣，我說：「我希望你們更應該學習的是反思的力量。**所謂反思，就是要找到自己的不足，努力修正，從而讓自己變得更好。**」

那些三十幾歲有著不錯成就的人，都有一個特點，他們經常會在夜深人靜時，反思過去的生活，反思今天的不足，反思曾經的缺點。他們明白，犯了錯不要緊，惹了麻煩沒關係，但一定要問自己為什麼，要提醒自己一定不要犯第二次。

其實，不再犯錯的核心，就是要定期反思、時刻提醒自己，光做到這一點本來就很難。孔子的學生顏回在二十九歲時，頭髮全白了，很快就離開了世界。孔子為顏回的死哭得非常傷心。魯哀公問孔子：「弟子孰為好學？」孔子回答：「有顏回者好學，不遷怒，不貳過。不幸短命死矣，今也則亡，未聞好學者也。」

不貳過真的不難，只要你在二十幾歲時，把反思養成習慣，只要你不停強化你的腦回路，刻意練習，自然就能成為一個高手。

除了反思自己，還要定期反思身邊的人對自己的影響，隨著年紀的增大，你要學會更換身邊的朋友。

其實對一個人來說，環境非常重要，你身邊的人，對你會有很大的影響。我們很少能看到父母都是暴躁脾氣的孩子，能有一顆溫柔的心；也很難見到一個成長在貧民窟的孩子，會把讀書放在第一位，不是說從來沒有，只是機率很低。

所以如果有可能，不僅要反思自己，還要反思身邊的人。要去選擇自己的朋友，而不是被動地被影響。你的室友、同事其實很難是你的朋友，因為朋友是自己去尋找的，而室友、同事往往是被動分配的。

我越接近三十歲，越開始謹慎地挑選身邊的朋友，因為我知道，許多東西都需要做減法了，而那些跟你漸行漸遠的人，你必須勇敢地和他們說再見。

我曾經有個助理，跟了我好些年，他的家境條件不錯，在北京有好幾間房。一開始我們走得很近，可是走著走著，價值觀就開始不一樣了。

我逐漸發現了他的一些改變，比如點菜大點特點，而且從來不管價格，就是不停地點，讓服務生不停地上菜。再仔細觀察，他平時的消費也開始令人恐慌，動不動就買各種衣服，動不動就換最新款的手機。可是身為發薪水的我，深知他的收入不低但也並不是那麼高，他還在學校讀書，哪裡來這麼多錢？但我沒說話，任憑事情的發展，他開始變得不好交流，令團隊裡的其他同事不舒服。

後來我逐漸明白，因為他長期跟我出入一些場合，看到我身邊的一些朋友花錢很豪爽受到了影響，心想自己也能這樣，於是完全不考慮自己能賺多少錢，就開始大肆花錢。可是，他忽略了一個問題，那些出手豪闊的人，平均年紀比他大二十多歲，這些人在和他一樣的年紀裡，都一貧如洗，都還在努力地賺錢。

那問題來了，他哪裡來的錢？幾個月後我才知道，他借了貸款，利滾利之下，已經還不起了。

成年人的崩潰，是從借錢開始的；但對青年來說，許多借錢引起的崩潰，都是自己造成的。我依稀記得，他找我借錢時傳來的訊息，那言辭、那語氣，完全和我之前認識的他不一樣。

那一刻我很難過，我說：「你跟了我這麼多年，我這麼多的演講都在告誡學生不要借貸，怎麼你還要借呢？」

他很堅持地說：「龍哥，我現在是危難時刻，你要不要借我錢？」

我說：「借錢可以，來找我，我面對面借給你。」

當天晚上，我拿了幾千塊錢在一個酒吧裡等他。當然，他沒有來，而我，也少了個朋友。

從那之後我開始明白，金錢能迅速地腐蝕一個人，而格調也能很快地毀掉一個人。你不屬於這個環境，沒有這個能力還要硬撐，越往上走，誘惑越大。

而他的崩壞，影響到了我團隊的運轉，大家在潛意識裡認為：只要跟龍哥一起吃頓飯，就能豪奢地花錢。於是，我果斷地和他斷絕了關係。

後來，我把這句話寫在了我團隊的簡章裡：「只要碰了『黃、賭、毒』和非法借貸，都不被允許進入我的團隊。」我在日記本上還加了一句：「更不允許進入我的世界。」

直到今天，我終於組成了得心應手的團隊，而在這個團隊裡大家目的明確，學習步伐一致。

但我過去犯的錯、認錯的人，確實讓我痛苦過。人會變。越長大，越要甄選身邊的人。這很痛苦，但你不得不這麼做。

其實，在三十歲前有兩件事十分重要：

一、做正確的工作。

二、和正確的人一起工作與生活。

但你知道，這些，都很難。

在三十歲之前，還有一種反思：要反思這個時代，從這個時代中去學習更重要。

狄更斯在《雙城記》裡寫過這麼一段話：

「這是一個最好的時代，也是一個最壞的時代；這是一個智慧的年代，也是一個愚蠢的年代；這是一個信任的時期，也是一個懷疑的時期；這是一個光明的季節，也是一個黑暗的季節；這是希望之春，也是失望之冬；人們面前應有盡有，人們面前一無所有；人們正踏上天堂之路，人們正走向地獄之門。」

這段話放在這個時代，剛好合適。這個時代變化得很快，誰也不知道會不會有一天，人工智慧就代替了人。每次一件事情上了熱搜榜，立刻會出現兩類人，一群人忙於責罵，一群人忙於反思。**責罵的人，爆發了情緒；反思的人，得到了進步**。

《未來的工作：傳統雇用時代的終結》一書中說到：「這世界，或許更需要的是會在時代中反思的人，因為這些人能更好地和高科技、新科學結合，成為超級個體。」但這一切的前提是，你一定要學會接受新事物。

前陣子教師們做培訓，一位老師對我說：「尚龍老師，聽了你的演講我很受益，你反對用抖音，因為它占用了我們太多時間，所以，我把抖音刪除了。」

我愣在那兒說：「我不是這個意思。我是建議正在準備考試的學生刪除它，但我們做老師的，必須站在時代的前端，擁抱時代，反思時代，這類手機APP雖然『有毒』，但我們必須學會掌控它，從而從中學習到什麼，再教給我們的學生。」

這個老師很可愛，那天中午，他就一直在看抖音，一旁放了個鬧鐘，一到十五分鐘，他就休息一下，閉閉眼睛，然後繼續看。

我說：「怎麼啦？」

他說：「尚龍老師你看，我看了三則知識影片，大數據就推送個美女，我點不感興趣後，它又給我推五則知識，然後給我推一個美女，我再點不感興趣。我每十五分鐘定個鬧鐘，就是為了讓這個軟體不要控制我，這樣，我才能牢牢地控制這個軟體。」

他又笑了笑，說：「你看，現在它給我推的，全部是我真正需要的東西了。」

我不知道應該說什麼，但他的這段話讓我明白，所謂的時代菁英，不是被機器控制的那群人，而是能和機器和諧相處，讓機器為自己所用，甚至讓時代融入自己的血液的那群人。他們終身學習，時刻反思，然後做最好的自己。

這就是反思的力量，也是我在三十歲時，想要告訴你的最重要的法寶。

我們對專業的力量一無所知

韓寒寫過一個故事，寫得非常好，我在下面引用部分原文跟大家分享：

「首先向大家介紹一下我的愛好之一，足球。足球我自認為腳法不錯且身法靈活，從初中開始，班級聯賽拿過全校冠軍，在校隊踢過前鋒和門將，『新民晚報杯』中學生足球賽拿過區的四強，我護球很像梅西，射門很像貝利，曾經一度覺得可以去踢職業試試。然而這一切都在某個下午幻滅了。

那是十幾年前，我二十歲，正值巔峰之年，一個學生網站組織了一場慈善球賽，我和幾個球友應邀參加，他們也都是上海高中各個校隊的優秀球員。對手是上海一支職業球隊的兒童預備隊，都是五年級左右的學生。

我們上海高中名校聯隊去的時候歡聲笑語，都彼此告誡要對小學生下手輕一點，畢竟人家是兒童，哈哈哈哈。由於匆匆成軍，彼此都記不得名字，決定各喊球場上的外號，比如二中菲戈、附中克林斯曼、楊浦範巴斯滕、靜安巴喬。

上半場結束後，我身為金山區齊達內只觸球了一次。你們沒看錯，我他媽只觸到了球一次，上半場二十分鐘，我們就被灌了將近二十個球。後來裁判嫌麻煩，連進球後半場開球都取消了，直接改為門將發球門球。我們進球零個，傳球成功不到十次，其他時間都在被小學生們當狗遛。

半場結束，我們不好意思再稱呼對方的外號，改為叫球衣數字。隊長把我們聚在一起，說：『兄弟們，這樣下去要輸五十個球，要不下半場我們就都站在門口堵門吧，力保丟三十個球以內。』

最後這場比賽沒有下半場，對方教練終止了比賽，說不能和這樣的對手踢球，會影響小隊員們的心智健康。於是活動直接進入到慈善捐款環節。我們上海高中聯隊的球員們在全場女生複雜的眼神中，排隊上臺，向捐款箱中火速塞錢，並在一片鴉雀無聲中退場。

從那次以後，每次和大家一起看球，看到職業隊踢了一場臭球以後，身邊的朋友們紛紛罵說自己公司的球隊上去也能把申花or上港or國安or恒大or國家隊等隊伍滅掉的時候，我總是笑而不語，心中蕩漾起二十歲那個下午，被小學生支配的恐懼。而我也曾對那種力量，一無所知。」

這篇文章叫〈我也曾對那種力量一無所知〉，講述了許多關於專業和非專業較量的故事，得出的結論也很簡單：不專業的人盡量不要挑戰專業的人。

為什麼呢？因為**專業的人解決問題的方法，是針對整個系統的，而不專業的人，只是針對問題本身**。

最簡單的例子是，一隻野豬看見門關了，牠只會去撞門，這是最顯而易見的解決方式，只是撞門。但是一個人看見門關了，他會去找鑰匙，因為他看到了門那裡有個鑰匙孔，他看到的是系統本身。

其實你仔細看身邊有很多這樣的例子：一個業餘的跑步者，跑不快，他會拚命跑，跑到身體受傷，還在怪自己毅力不夠；但是，一個專業的運動員，要提升速度，他會就身體的不同部位做針對性訓練，對自己的飲食進行調整，直到自己不用太費力也能順利跑下馬拉松。

再如學英語，業餘的人每天都不停地背單字，看起來很辛苦，但背了前面忘記後面，對考試並沒有什麼幫助；但一個專業的英語老師，會告訴同學今天應該背單字，明天應該寫試卷，對了應該怎麼辦，錯了應該怎麼辦，什麼時候應該模擬考，什麼時候應該給自己回饋，久而久之，同學的英語水準自然就會提高。

但可惜的是我們許多人，對專業這種力量，一無所知。那怎麼分辨一個人是專業的還是業餘的呢？

很簡單，你看他遇到問題時，是按照本能和直覺在問題本身上使勁，還是把視野拉回到整個系統上再使勁。有趣的是，後者的處理方式，往往更反常規。

在美國，有一種職業叫家庭治療師。《熱鍋上的家庭：家庭問題背後的心理真相》這本書裡講過這樣一個故事，父親帶著妻子問治療師，女兒總是跟妻子吵架，應該怎麼辦。這位家庭治療師只用了幾句話就明白了問題的所在，他說，那是因為這位父親跟他的妻子在家裡已經不講話了。這個回答不僅出乎意料，而且反常規。女兒在家裡感受不到愛，就時常惹媽媽生氣，這樣爸爸就會站在媽媽這邊批評自己，他們就能有更好的感情。每次讀到這個故事時，我都會感嘆專業的重要性，因為一般人要麼是勸媽媽少跟女兒說話，要麼就批評女兒讓她少氣媽媽，但效果幾乎沒有。我們對這種力量，的確一無所知。

每次在英語四六級考試前，網上總是流傳著一些奇怪的解題方法，還有一些寫著「最後一天必過四六級」的方法。每次看到這些方法時，我都覺得後背在冒冷汗，因為大部分的方法都不對。但最可怕的是，有的方法也不是都不對，而是還有點道理。

每年考試結束後，我的好朋友石雷鵬老師都會在網上宣布一項消息，就是押中了考試中的作文題或者翻譯題，這已經持續了好幾年。許多沒考試的人看他上了熱搜榜，就瘋狂地罵他，說他是騙子，怎麼可能押得中。外行的人永遠不知道這種力量是從哪裡來的，其實，如果是一個專業的老師，他不可能押不中，因為他押中的不是作文題目，而是可以使用的作文句子、可以使用的話題和方向，無論對方怎麼出題，這些都可以用到考試中。

但可惜的是，每次都有許多業餘的人，評論著專業的人，批評著專業的人。

所以，到底什麼是專業呢？

專業意味著一個人在某個行業裡，耗費了大量的時間，有著大量的思考，產生了大量的思想成果，這些足夠讓他成為一個專業的人。而專業的人一定知道自己領域的局限，知之為知之，不知為不知，是知也。

之前有人請我去教高中英語，我說我不能去。他們說我不是四六級、考研究所的都可以教嗎？高中英語怎麼教不了？我說，因為隔行如隔山，我是可以講英語，但如果涉及考試方向、考試技巧、得分方法，我必須要花時間研究，然後給出正確、合理的知識與結論。但是如果我沒時間，我就不能去講，因為我在這個領域並不專業。

你會讓一個腸胃科的大夫，去看你的腰傷嗎？你會讓一個只有機車駕照的人，去為你開公車嗎？

哪怕有多麼強烈的欲望告訴你，自己很厲害，自己上手就會，這些領域是有關聯的，但我們都知道，在最關鍵的時候，你一定會做出最專業的選擇，選擇最專業的人，得出最專業的結論。

可惜的是，在這個世界上，總有一些非專業的人，批評、建議、領導著專業人士，這樣很容易引起麻煩。

我在寫第一本劇本時，投資人來找我吃飯，不停地跟我說應該怎麼寫，說得頭頭是道，也有幾分道理。我跟他說，要不這樣，我就不寫了，請你來寫吧。

為什麼呢？因為許多聽起來對的邏輯，卻無法實際操作，因為這和想當然爾之間有著巨大的鴻溝。不是看電影看多了就能寫故事，也不是病久了就可以當醫生，更不是球賽看多了就能成為球員。所有的高手，都需要長時間地刻意練習、總結思考，才能成為這個行業的高手。

隔行如隔山，專業的人做專業的事情，不專業的人了解一下專業領域的知識後再說話，其實也是對自己的尊重。

所以，這些年我一直這樣要求自己：

一、對於自己不熟悉的領域，不要評論，不要干涉。

二、可以提出建議，但不要要求。

每次我在決定新書的封面時，往往只是對設計師說出我的建議，我希望這本書封面的主色調是什麼樣子，字體的設計應該是什麼樣子，以及請設計師告訴我看完作品後他自己的感覺，但具體操作的方法以及細節，我從不干涉。結果是，我的每本書的封面都可以成為那一年很受歡迎的封面。許多人以為我在美學方面有天賦，其實不是，僅僅是因為我知道自己不專業，我什麼也不懂。

人啊，就是因為知道自己什麼也不知道，才會讓自己走到更遠的地方。這是我在三十歲前，學會的東西：尊重專業，因為我們對專業的力量一無所知。

第四章

自控，讓你走在正確的路上

我也曾走在崩潰的邊緣

前幾天，我又被一位媒體朋友問到：「你是如何既當作家，又當老師的？你是如何既創業，又寫作的？」我像往常一樣，厚顏無恥地回答著。就好像每一次，我都能處理得很好，就好像每一回，我都能不懼生活，勇往直前。

其實，並不是這樣，我的生活經常失衡，也時常失控。

我曾因此自責過，但後來我逐漸明白，我不是唯一那個動不動就失衡的人。生活裡所有的平衡背後，都是失衡，但隨著自我的調節，生活才逐漸平衡了起來。只不過，我們選擇了遺忘那些不平衡的經歷。

生活並不是你活過的樣子，而是你記住的模樣。

絕對平衡的生活並不是不變的生活，就像人在鋼絲上行走，你只有不停地左右搖擺，才能安穩前行。

我和每個人一樣，也曾走在崩潰的邊緣。

但好在，我從未細緻地想過如何去平衡，也沒有想過要在平衡後再前行，我總是先走在路上，接著在路上試著平衡自己的步伐。

我記得二〇一八年的一天，我剛出差回到北京，累得半死，本想睡兩天安穩覺，卻接到了一個通知，要跟許多編劇去山西開會，探討影視作品的價值觀。

我看了看課表，第二天還有一節課，我本想婉拒，但宋方金老師打電話給我說：「尚龍，你最好還是來，因為這個圈子裡很多重要的人都到了，在會議上很多人也會發言。」

於是，我收拾了一下衣服，帶著電腦和上課的講義，坐著大巴，一路顛簸到了那裡。下午和他們開了個會，晚上在他們吃飯的時候，我進了酒店，然後饑腸轆轆地開了網路，開始為上課做準備——這些年，我已經習慣剛下榻就開始測試酒店的網速，方便晚上上課。

我連上了酒店的 Wi-Fi，一測網速嚇了一跳，慢到完全沒法上課。

我找到服務生要了根網路線，想著用網路線能快一些，然後服務生找來幾根網路線，再次測試，結果出乎意料：還不如 Wi-Fi。於是用了備用方案，打開手機的熱點，見鬼的是，在這裡連 4G 的速度都慢到令人崩潰。

這一回，我所有的備用方案，都失效了。我看了看錶，還有不到半小時就要上課了。

這時，我已經有些緊張，思考著應該怎麼辦。我非常害怕一邊上課，一邊喊卡，因為網路卡與不卡，我無能為力。我是一個老師，在教學方面或許有所建樹，但對於網路的好與不好，我又能做什麼呢？可是，學生不這麼認為。所以只要在外地，我到達酒店做的第一件事，永遠是測試酒店的網速。

但這次，很明顯我遇到了麻煩，備用方案也出了問題。我立刻打開了手機，查了查周圍的地圖，咬牙招了輛車，十分鐘後，我到了當地唯一的一家網吧，直到今天，我還記得那段對話。

「你們有包廂嗎？只有一臺主機的那種！」

「沒有。」

「那有沒有小房間，安靜的那種，我都包下來。」

「你要幹嘛？」

「我要上課……好吧，」我怕對方聽不懂，於是又說，「我要開視訊會議。」

「我們真的沒有。」

情急之中，我看了一眼在這家網吧裡上網的人，好在人不多，我直接走了過去，對每個人說：「不好意思，我現在需要在這家網吧裡開視訊會議，很重要，這一百塊錢是賠償您的損失，我從七點用到九點。對，九點後您就能來了，謝謝，謝謝……」

那天我運氣很好，他們都同意了。

在他們都離開了網吧後，我轉身對老闆說：「接下來我包場。」

老闆看了我一眼說：「一千塊一個小時。」

我不停地討價還價，最後一千五兩個小時成交，但是到了九點，我必須允許其他人來上網。

我給了錢，打開網路，一試網速聲音傳到遠方，學生說能聽到，瞬間，我的眼睛差點都紅了。

我依稀記得，那兩個小時，我講得很慢、很細緻。因為我知道，能換來一個安靜的環境給大家上課，不容易。

課程結束後，學生們要我唱歌。我婉拒了，他們說我無情，但他們不知道的是外面已經排了幾位等待著上網的青年，而我的錢也不夠了。

上完課我走在街頭，那街頭沒有燈，只有我一個，晃晃悠悠。忽然意識到，自己還沒吃飯。

回到酒店，我打電話給尹延說：「我再也受不了這樣的日子了。」說著說著，我竟然哭了出來。

尹延沒說話，只是默默地聽。過了一會兒，他只說了一句話：「你有沒有想過，卸掉作家那個身分？」這回換作我沉默了。

第二天，我起了床，沒有情緒，沒有抱怨。我明白生活還在繼續，我依舊要尋找一個安靜的地方給大家上課。

然後，我推掉了會議，自己買了張火車票回到了北京。

生活的平衡並沒有一個萬能的公式，也沒有什麼方法和捷徑可以拿來使用，你只能一邊前行，一邊調整，在前行中平衡。

這並不是我第一次這麼狼狽。這些年，因為有了網路教育，老師得以從教室中解放。雖然老師可以去任何地方，對著電腦、手機給學生上課，但如果你想要更多，就要付出更多，這個道理到了哪兒都適用。

這些年我在許多地方上過課：同事家裡、廁所裡、馬路邊、咖啡廳包廂裡，還有一次在一家競技遊戲廳的角落，我一邊上課，周圍一邊傳來陣陣的「double kill, monster kill」的遊戲聲。

學生說我很辛苦，但我不這麼認為，我知道既然選擇了遠方，就必然要在路上，路上有風雨，需要自己考量。

如果你想要更多，就勢必要用青春和熱血，調整失衡的生活。我想把課上好，我也想成為一個能靠文字謀生的人，所以，我一定會付出更多。

生活的平衡，並不是誰告訴你的，而是自己找出來的。

我記得在上大學時，一位老師在課上說：「**如果一個人有百分之五十的把握能把一件事做成功，那麼他就應該先做，而不是先想，然後在做的過程中，再去調整自己的方向。**」

我認識一位有兩個孩子的媽媽，她同時還是一家融資公司的首席執行長。那天我在網上看到一個媒體在採訪她，問：「妳是怎樣平衡生活和工作的？」

她說：「我不知道。」

下面的評論都在罵她，說她假掰，很多人也都以為她不願意分享。我猜她說不知道是因為她從來沒有總結過，也沒空總結，所以更不知道應該怎麼說。

我記得她跟我說過，有一天她剛準備出門，忽然孩子發燒了，可是那天是週一要開晨會，確認本週公司的計畫。於是她立刻給副手打了電話，說孩子發燒，麻煩幫她頂一下，把會議內容抄送給她就好。接下來她飛快地到了醫院，把孩子安頓好，然後打了電話給保姆，等保姆到了醫院，自己再跑回公司。下了班，她又回到醫院，接孩子回家。

所以你問她怎麼平衡家庭和生活，她什麼也不會說，因為沒有一個簡單的概念與公式，可以囊括這麼複雜的人生。

後來，我慢慢明白了，總問怎麼平衡的人，是因為他們不願意做點什麼，而是希望先找到一個萬能的公式，先有一個可控的範本，再去毫無風險地做點什麼。

但真正的生活並不是這樣的。生活是你必須先做點什麼，然後一邊做，一邊思考，一邊調整，再一邊做。

生活，是在高速公路上一邊行駛，一邊做決定向左轉還是向右轉。生活驚險刺激，生活來之不易。

熱力學中有個概念，叫「熵」。所謂熵，就是混亂程度。

人的存在就是一種增熵的過程，也就是說，一個人活在世界上，就是在不停地增加周邊的混亂程度。但久而久之，我開始明白混亂不可怕，怕的是任憑它混亂、不自控、不自律，還不自知。所有的平衡，都是長期自控、自律和自知的結果。

我曾經在《人設》裡寫過：「平靜的湖面下，往往都是暗流湧動，但只有多股暗流才能相互制衡，最終產生平靜的湖面。」

只是在生活裡，你需要自己去製造這些暗流。東邊的力量大了，你要在生活裡尋找一個來自西邊的力量；南邊的力量大了，你需要從北邊借到一股力量。

如果說平衡生活有什麼法寶，我想只有這麼一句話：「任何事情，先去做，然後再在路上去尋找平衡。」

生活其實沒有什麼平衡法則，但所有的法則都在動態的生活裡，這聽起來很玄，但這是真理。

恐懼是成長最大的敵人

我一直很喜歡一部電影，叫《三個傻瓜》，這是我在課堂上經常推薦的影片。這部簡單又勵志的電影，給了一代人無限的啟迪。

如果要說我在三十歲前印象最深刻的三部電影，那麼它們分別是《刺激1995》《楚門的世界》還有《三個傻瓜》。

我曾在課上說過，比起人見人愛的阿米爾·汗飾演的藍丘，沙曼·喬希飾演的拉加更值得人去思考。

拉加在影片裡的特點就是恐懼，他對生活充滿恐懼，他害怕未來，害怕現在，害怕一切：他遇到什麼事情都要求神拜佛，考試之前要拜眼鏡蛇，找工作前要點香。他的整個生命都被恐懼所籠罩，他故步自封，每當困難出現時，就退縮，退到自己的安全區。於是，他什麼也做不成。

當他父親病重時，他想的不是如何把父親送到醫院，不是打破思維的牆，衝出枷鎖，相反他想的是，如果用機車送父親去醫院，出交通事故怎麼辦，如果沒有救護車，父親在中途死了怎麼辦。恐懼成了他人生路上最大的障礙，這個障礙阻擋了他的青春。

藍丘對拉加說：「如果你害怕今天，怎麼可能過得好明天？」

但拉加並沒有聽進去。在期中考試裡，拉加還是考了最後一名，他害怕沒有公司雇用自己，害怕因為家庭貧困而遭到所有人的白眼，於是，他選擇了跳樓。

可是在跳樓的那一刻，他倒是沒有了恐懼。好在樓不太高，他只是摔斷了腿，很快就治好了。但沒想到的是，他自此變了一個人。他找到了工作，露出了微笑。

我在課上問了許多同學，讓他們猜原因是什麼，他們給的答案五花八門。

其實，拉加露出笑容的原因很簡單：在跳樓的那一刻，他的恐懼消失了。

他跳樓以後發現自己沒死，忽然悟出了這個道理：**恐懼是成長路上最大的障礙，而接觸了恐懼後，恐懼也就消失了**。

「我只有在摔斷腿以後，才能真正地站起來。」這是他留給恐懼的最後一句話。

在我們身邊，有很多人都生活在恐懼中。因為害怕失敗，所以從不嘗試；因為害怕失去，所以從不追求；因為害怕難受，所以總待在舒適區。但這樣換來的，其實是更大的損失。恐懼不會讓一個人獲得自己想要的一切，消除恐懼才會。

二〇一二年，童年時的朋友來到了北京，住在我家。

他說：「等找到工作，我就搬走。」

一連幾個月，他都沒有什麼動靜，就住在我家打著電玩。

我問他：「你為什麼不去找工作？」

他說：「我的履歷還沒寫好。」

我給了他許多範本，但他依舊沒有動靜。

我在一次次的追問下才明白，他之所以不寫履歷，是因為不敢寫，大學四年他什麼也沒做，沒有一技之長，連英語四六級都沒過，履歷一片空白。他害怕被拒絕，所以不敢投履歷。

我說：「如果因為害怕被拒絕就什麼也不做，那還不如乾脆回家接受家長的安排算了。恐懼只會讓你什麼也沒有。」

又過了幾天，他還是沒有行動。

我催了他幾次說：「試試吧，運氣不一定會這麼差。」

一週後他竟然收拾起行囊，準備回老家。臨走前，他一邊玩著遊戲，一邊說：「我就算投履歷，肯定也會被拒絕的，算了算了。」那言語，透著對世界的恐懼，透著對未來的害怕。

他來我家玩了幾個月遊戲，最終還是離開北京，回老家了。

一年前他在老家結婚，我才知道他的工作是父母安排的，妻子是父母介紹的，生活是父母計畫的。直到今天，他還是什麼都不敢追求，因為他害怕失敗，所以他一無所有。

在婚禮上，他連司儀對他的調侃都不敢回嘴，他還是那麼內向，直到今天，他還是對一切新鮮事物充滿著恐懼。這麼多年，他還是那樣溫順、膽小，我為這位朋友感到可惜。

可是看看身邊，有多少人因為害怕不做選擇，或者做出了讓人難以理解的選擇。

我的一位學生曾經在網上訂閱了三十幾個課程，花了快一萬元。有一天他問我，要不要報一門商學院的課。

我說：「你是學電影導演，為什麼要報商學院的課？」

我以為他要告訴我：「導演也要懂資本，導演也要明白經濟學啊。」

結果他告訴我：「因為大家都在學，不學我就落後了。」

我愣在了原地。因為，這句話背後的意思很簡單：因為大家都在學，如果我不學，我害怕我落後了。

看，又是害怕。

一個人若總是害怕落後，又怎麼可能學得好？一個人若總是恐懼，又怎麼可能擁有美好的未來？

這些年，我遇到過很多考研究所、出國、跳級的學生，我的總結是凡抱著「要是我這次不過，我就……」的想法，那麼往往很難通過考試，因為「要是……我就……」這句話的背後，是恐懼。

那些到了大四下學期還沒有通過英語四六級考試的學生，往往會被恐懼支配，最後考得一塌糊塗。相反，那些沒有被恐懼支配，心裡只希望多學點東西的同學，最後都考了個好成績。

學習是一個過程，過程對了，結果不會差。而恐懼會影響過程，所以，它是成長最大的敵人。

恐懼並不是壞事，這是人類在進化時，基因留給我們的能力。

美國的三位心理學家合寫了一本書，名字很嚇人，叫《怕死：人類行為的驅動力》。書裡提到，人類對死亡的恐懼，是人類行動根本的驅動力，因為害怕是人類的本能。

有一次，姊姊帶小孩出去玩，那時小孩還不到一歲，只會爬。姊姊把他放在飯店的床上，他爬到床邊，就停住了。那時我就明白，恐懼是人類的本能，它在我們的基因裡。

可是如果被本能操控了，被本能牢牢地按在舒適區，那麼勢必不會有所突破。因為所有的高手，都是反本能的。

史蒂芬．金在《刺激 1995》裡寫道：「**真正讓我們不自由的，並不是監獄的圍牆，而是我們自己的本能和習慣。**」

人愛吃是一種本能，健身達人反了愛吃的本能；人愛玩是一種本能，大學入試狀元反了愛玩的本能；人恐懼是一種本能，生活的高手反了恐懼的本能。所以他們打破了舒適區，開拓了更大的版圖，擁有了更大的世界。

長期處在恐懼中的人不僅不會提升，反而會被傷害。

許多恐懼都源於童年，我想起了三毛的一個故事：三毛在讀中學的時候，語文非常好，數學很差。於是，她就想了一個辦法，把所有的數學題都死記硬背下來，結果數學考試的分數一下子提高了很多。

那個時候的數學題也不多，這種方法完全行得通，但她的數學老師不相信她的成績能一下子提高這麼多，覺得她是在作弊，就給三毛出了一張從來沒講過的高年級的試卷，結果，她得了零分。那時的老師往往不用培訓就可以上課，得意的老師就在三毛的眼睛周圍塗了兩個圓圈，還帶著她去操場走了一圈，引來無數師生圍觀。

這給三毛帶來了巨大的傷害，她從此一蹶不振，休學在家，對學校產生了深深的恐懼。也就是從那時起，三毛走進了與世隔絕的文學世界，開始了她孤獨的流浪人生。後來，三毛的家人在回憶時都覺得，她的自殺和這件事給她留下的陰影有很大的關係。

當一個孩子長期習慣生活在恐懼裡時，他越長大，也就越孤單。

《走出恐懼》書裡提到，其實走出恐懼不難：首先你需要辨識，辨識這個恐懼是不是使自己受到了情緒化的影響；然後深潛，去尋找記憶裡自己曾經受傷的經歷；接著去接受，去學會和這些負面經歷相處；最後去冒險，去勇敢地從不斷迴圈的行為中走出來。

而這些年，我有了一個更好的方法，就是讓這種恐懼融入你的身體，接受它、感知它，並戰勝它。

二〇一一年，我決定從軍校退學，那時最大的恐懼就源於失去了穩定的生活和看得見的未來。記得一天晚上，我讓這種恐懼沁透我的身體，我告訴自己：「就算什麼也沒有，大不了大器晚成。」

恐懼再次找我對話：「那如果你一輩子也成不了呢？」

我讓恐懼沁入身體，我繼續告訴自己：「那我就保證身體健康、心態美好，活到一百歲。」

「大不了……」是一種很有意思的思維模式，當你開始接觸恐懼，沁入恐懼時，恐懼反而會消失。你的拚命和付出，會打敗恐懼，而這些努力，並不會奪走你的生命。

我很幸運，在三十歲前，我逐漸學會了這樣的表達：「無論成不成，試一試吧，大不了……」當你開始這麼說話時，恐懼也就煙消雲散了，蕩然無存。

我曾聽過一個很有趣的故事：一個盲人走到一座橋上，但他看不見那是橋，於是一腳踩空。好在盲人反應機敏，一下子用雙手抓住了橋的欄杆，一直吊在那兒。這時候旁邊有人經過，告訴他：「你下來，沒事的，你的下面就是地面。」但這個盲人就是牢牢抓住那個欄杆，死活不鬆手。撐了半個時辰，他終於撐不住了，手一滑，這時才發現自己的腳尖幾乎要觸到地面了，一下子就安穩地站在了地上。原來那是一座旱橋，下面沒水。

還有一個故事是這麼說的：一個人溺水了，掙扎了半天，恐懼支配了他所有的能力，他忘記了自己曾經學過游泳。忽然，岸邊好像傳來一個聲音：「別怕，冷靜。」他冷靜了下來，讓恐懼沁入他的身體。他站了起來，發現水只到他的膝蓋。而岸邊沒有人，這個聲音，來自他的內心。

我經常鼓勵我的學生去經歷、去體驗、去突破、去探索未知。

有些學生對我說：「龍哥，去那麼遠，不會有危險嗎？」

當然會，但你要學會接受恐懼，要學會控制風險，這是你成長路上的功課。

我今年快三十歲了，但我很幸運，在二十幾歲的時候，做了很多戰勝恐懼的事：我從軍校退學，擁抱了未知；我從事過很多行業，接受了未知；我一個人去斯里蘭卡高空彈跳，一個人去尼泊爾玩滑翔翼，擁抱了恐懼；我從北京到成都，一無所有地在山裡住過幾天，懂得了成長……

要說後悔，我也有過。直到今天，我還記得那天在地鐵裡遇到過一個很漂亮的女孩子，我很後悔自己當時因為害怕，沒有走過去要她的通訊方式，但現在已經晚了，我再也見不到她了。

我的好朋友廈門大學的鄒振東老師說過一句話：「人生一百次謹小慎微，你要有一次拍案而起；人生一百次放浪形骸，你要認真愛一次；人生一百次不越雷池一步，你也要瀟灑走一回。」

這句話，也送給讀到這裡的每一位——三十歲前的你、三十歲時的你和永遠年輕的你。

人到中年，更應該自律

我聽過一個說法，為什麼人到中年會發胖，那是因為在社會的現有體系下，當一個男人開始有了一定的社會資源、結了婚、當了父親時，社會會立刻對他的欲望進行打壓、限制，而食欲是唯一不受控制的欲望。於是，人到中年，男人的肚子開始變大，走路的姿態開始變得傲慢，跟年輕人說話時開始變得高高在上，不注意保養身體，一喝酒就停不住，一個油膩的中年男人，誕生了。

這些年，我最討厭參加婚禮，一是每次參加婚禮都像被開罰單，二是在婚禮上，總能看到一些一年見不到幾次面的長輩在喝多後教育新郎、新娘。

那些話，我聽不懂，也不願意聽。

如果說，人類在沒有網路時，只能靠長輩把知識口口相傳給晚輩，那麼在資訊開放後的今天，知識應該是互相傳遞的。而一個不學習的長輩，他所有的教誨，都顯得油膩。

在我快三十歲時，這個警鐘就敲響了：人可以到中年，但永遠不要油膩。這說起來簡單，但做起來很難。

首先，當你面對年輕人時，需要謙虛、少言。年輕人尊重你不是因為你年紀大，而是因為你值得尊重，你有能力和專長值得別人的尊重。你要記住：三年學說話，終身學閉嘴。

其次你要明白，身體是革命的本錢，身材是對生活的態度。哪怕沒有八塊腹肌，至少別發胖，要多運動，不要沉迷於酒精和菸。別讓生活失控，這樣才能有更多可能。

我並不同意人到中年，食欲是唯一不被限制的欲望，這把中年描述得太慘了。人到三十歲時，應該還有一個更重要的欲望可以時時刻刻被滿足，這個欲望叫「求知欲」。但人越往中年走，越會覺得自己什麼都知道，別人什麼都不知道。其實，這是一個錯覺，而我們對這個世界的了解少得可憐。只有承認自己的無知，才會低下頭，虛心向別人學習，從而變成一個更好的人。

最後你要明白，人外有人，天外有天，明白自己並不是無所不知、無所不能，明白學習不分年紀大小，學習是終身的，這樣才能滿足求知欲。

只有這樣，你才能拍著胸脯，告訴自己：「三十歲，才剛剛開始。」

前陣子我參加了老朋友的婚禮，果然，在婚禮上喝多失控的，全是中年人。

他們說著一些亂七八糟的話，還有一些人跳著舞、唱著歌，完全沒有注意新郎和新娘已經離場了。他們不停地喝著，同時還在尋找「獵物」，陪他們喝。

我湊過去仔細聽，發現有趣的事情來了：他們表達的並不是對新郎、新娘的祝福，而是自己有多麼不容易。

我依稀記得，每個人都會跑到新郎那邊說這麼一句話：「你要好好對她！」說完，就開始講自己的事情，自己的苦大仇深，自己的痛不欲生，一遍又一遍，一回又一回。

其實，所有的表達，都是自我的陳述。但明明是別人大喜的日子，為什麼要把自己灌醉，還說著那麼多關於自己的事情呢？

那天，我蹲在新郎、新娘身旁，聽了聽這些人的話，了解了這些人的痛苦：有已經不愛丈夫的女人，卻因為孩子不得不維持著婚姻；有已經失業多年的男人，騙家人在外很好；有沒想好就有了孩子的爸媽，只能靠酒精來麻痺現實的痛苦；有上有老、下有小，中間只有自己在賺錢養家的男人；有事業遇到瓶頸，家庭沒有起色的女孩子……

其實，在每個階段，人生都充滿著痛苦。可只有人到中年時，才會自己拿起酒杯，一飲而盡。

這苦澀，都是別人帶來的；這痛苦，都是社會給予的。所以什麼也別說了，喝吧；所以新郎，你要好好對她，我只有看著你幸福，才能遺忘我的痛苦；我只有喝夠了，才能忘掉痛楚；我只有喝茫了，才能把一切都忘掉。

可是，真的是這樣嗎？

西方人和華人在喝酒的時候有一個不同之處：西方人是因為高興，所以喝酒；中國人是因為痛苦，所以喝酒。因此，有些酒是越喝越高興，有些酒是越喝越痛苦。而生活的痛苦，並不是酒精可以幫助你解決的。生活的痛苦，只有努力製造幸福，改變生活，才能解決。

要知道，人的痛苦並不是別人製造的，所有的痛苦，都來源於對現實生活的不滿和自己欲望的失衡。人到中年，往往是能力和欲望不成正比，所以，與其達不到那個目的而感到痛苦，不如喝上兩杯，自暴自棄。

但酒精並不能解決問題，能解決問題的方式是：製造幸福、活在當下。

真正的幸福應該是這樣：有人愛，有事做，有所期待。有人愛，你的靈魂有了依靠；有事做，你的時間有了價值；有所期待，你對未來充滿希望，這樣的中年，才是有意義的。

一個人只有越自律，才能越自由。你自律擁有了好的身材，你找對象的自由度就高了；你自律擁有了好成績，選擇學校的自由度就更高了。

其實，到了中年也是一樣的。**你自律，不要被生活控制，你掌控生活的自由度就高了；你自律，不要被酒精控制，你掌控自己的能力就強了**。

人到中年，更應該學會自律，只有這樣，中年危機才不會這麼快到來。

很多人認為自己的大腦和身體都不如年輕人了，其實並不是。我讀過一本書，英國作家大衛・班布里基的《中年的意義》，書裡用大量的科學證明，中年人其實正處在一生中大腦能力的黃金時期。不管是認知能力，還是心智發展，都正處於人生的最佳狀態。

到了三十歲，只有自律，不停地學習，滿足求知欲，才能在事業上有更大的可能，收穫更美、更溫馨的家庭，以及更多朋友的陪伴。

我身邊有很多這樣的人，他們人到中年，依舊年輕。

我的好朋友尹延老師就是這樣。他年紀比我們大很多，但他的心態和我們一樣，是個十八歲的追風少年。有一次，公司裡來了一個滿臉滄桑的中年男子，我差點開口叫了聲叔叔，尹延瞪了我一眼，說那是他的同班同學。

那天我才知道，青春是從內向外的呈現，而油膩是從外到內的表達。

尹老師每天早上都跑步，每天一有空就讀書。他能不年輕嗎？他的同學天天喝酒，每天抽菸，能不油膩嗎？

而像尹延這樣，一直在路上的人，又怎麼可能讓自己的生活失控，怎麼可能在一個飯局上，去對年輕人的生活指指點點呢？

人到中年還有一個問題，就是覺得這一切的不順利，都是緣於別人的錯誤；卻忘記了許多痛苦的根源，就在自己身上。

馬克・曼森寫過一本書，叫《重塑幸福》，書裡說無論錯在不在自己，都應該勇於承擔責任。即使錯不在自己，也要對自己的情緒負責，不要讓負面情緒影響了自己的心情。

要遠離那種什麼事情都怪別人的人。凡事要習慣從自己的身上找原因，因為你改變別人很難，而改變自己很簡單。也只有這樣，你才能更好地進步，知錯能改，越來越好；只有這樣，你才會到了任何時候，都朝著更好的方向飛翔。

在我快三十歲的時候，我又參加了一位朋友的婚禮。那一天，我一滴酒也沒喝，桌子上杯盤狼藉，躺在地上的，還是那些滿口抱怨的中年人。他們一邊用自己有限的人生經歷教育著未來有著無限可能的年輕人，一邊表達著生活的痛苦和自己的不易。

我默默告訴自己，永遠不要變成這個模樣，永遠不要。也希望你永遠在路上，永遠年輕，永遠自律地過每一天。

生命是最好的奢侈品

前陣子去杜拜，在街上看到來來往往的行人，他們開著名車，穿著奢侈的衣服，住著奢華的酒店。忽然想起了很多事情，想和大家分享，什麼才是奢侈。

我的姊姊動了膝蓋手術。這些年，她的膝蓋習慣性錯位，一開始跑步時會摔倒，後來連走路都受到了影響。我起了個大早，在醫院等她出來。幾個小時後，醫生把姊姊推了出來，我過去問了情況，醫生笑了笑說姊姊的狀況很好，接下來會順利康復的。

我送她回病房，厚重的石膏打在她的腿上，她靠在病床上，擔心麻藥退了之後疼痛來臨。

隔壁床的小孩哇哇亂叫，彷彿痛得靈魂出竅。他的媽媽手足無措，不停地問我該怎麼辦。我怕麻藥一過，姊姊也會痛，就不停地和她講話，分散她的注意力，時不時講幾個笑話。她看著我，要我少講點笑話，不然震得更痛，說完又笑了起來。

幾個小時後，我想最難的日子已經度過，我看她累了，於是起身告別，拍了拍她，走出了病房。

在病房門口，我嘆了口氣愣在那裡，看著往來的病人，竟然發現有許多都是年輕的臉龐。不知從何時起，三十歲世代也開始頻繁進出醫院。

不過，這也沒什麼奇怪的，因為仔細一想，已經三十歲了，他們有些是陪同老人進醫院，有些是自己進醫院。但不能否認，我們這一代人，終於，也要邁入上有老、下有小的中年階段了。

想到這裡，我忽然有些感傷。這無情的歲月，終於還是對我們這群人下手了。人到中年有很多變化，其中最直接的變化，就是從跟醫院頻繁打交道開始的。

這些年我一直認為，跟醫院打交道，最能展現出一個人所擁有的社會資源。在醫療資源極度缺乏的情況下，每個人都顯得那麼無力，但有些人，至少能相對體面一些，至少他們認識一些人，至少他們有一些積蓄。

從醫院往外走的時候，我戴上了口罩，把耳機裡的音樂聲調到了最大。我看著那些坐著輪椅的人，那些在病床上的人、被攙扶的人、面露苦色的人、焦急無奈的人，那些到了生命盡頭的人……

我的步子開始越來越重，走到醫院門口時，我開始猛烈地咳嗽，走出醫院時，我忽然在一旁嘔吐了起來。

我心想，這世界上有多少人的一生，在醫院開始，在醫院結束。而人這一生只有短短幾十年，如果我們每天都這樣提醒自己，會不會活得更灑脫一些？

忽然，我的腦海裡浮現出一句話：「生命才是最好的奢侈品。」

人到中年，就是一個身體和精神狀態逐漸衰落的過程。有時候你什麼都可以不信，但你不能不信因果。

一個人在二十幾歲時，愛不愛鍛鍊身體，在三十歲時就能看出來；是不是足夠努力工作，在看病時也能看出來。

三十歲的時候，無論在哪個領域，都存在兩種人：一種人有點存款，另一種人還在加班；一種人身體健康，另一種人整天去醫院。

在回家的路上，我突發奇想，騎自行車回家吧。二十多公里的路，我決定騎完，剛好也可以看看這座好久沒有這麼清新過的城市。騎著騎著，就到了下班高峰期，看著形形色色的人，許多故事再次浮現在了眼前。

八年前我來北京的第三年，那年我二十二歲，買了第一輛電動自行車。有一天晚上，我剛下課，騎著車在附近閒晃，想向人們展示這新買的代步工具。忽然，有一輛機車撞到了我的後面，我被彈了出去，飛了好幾公尺才著地。

好在我反應快，用右手狠狠地撐住了地面，我撿起被撞掉的眼鏡，看見一個韓國人從機車上焦急地下來，用不太標準的中文說「對不起」。我被一位路人扶了起來，抱怨罵了兩句就放他走了。

到了晚上，我的手臂開始痛，痛到都睡不著了。第二天，我的手臂已經抬不起來了，於是跟公司的同事說，自己拿不起麥克風，同事建議我換另一隻手。

於是我用左手拿著麥克風，忍著疼痛上了五個小時的課。到了下午，我實在痛到無法集中精神，於是一個人去了醫院，掛號、拍X光片。結果是骨頭裂了，我休息了三個月。

我已經有些忘記當時在醫院的感覺了，但翻閱那天寫的日記，那一頁只有一句話：「我再也不想一個人掛號看病。」那種感覺太痛苦了。

後來我開始每天鍛鍊身體，開始交朋友，開始賺錢，的確，那是我最後一次一個人掛號。

一個人在異鄉，最怕的就是進醫院獨自掛號，那過程太漫長了，充滿著痛苦和淒涼。在一個什麼人都不認識的城市裡，除了面對別人的冷漠，還要忍著自己的病痛。如果你經歷過這樣的事情，請記住我的話：「永遠不要讓這一幕重演。」

從那以後，我開始刻意地認識一些醫院的朋友，開始努力賺錢，我不是為了擁有什麼特權，僅僅是為了今後身邊的人再去掛號，我能盡自己的力，不讓這一幕重演，不讓這種孤單再來。我們受過的苦，就別讓身邊的人再受了。

生命啊，才是最好的奢侈品。

我是越到了三十歲，越發覺有些資源本來就是匱乏的，比如醫療資源、教育資源。

所以在二十幾歲時，如果有可能，請一定要多累積一些相關的人脈、知識和財富。這樣，至少不會在到了三十歲時，莫名地緊張與被動。

曾被人問過這樣一個問題：「如果我就是一點社會資源都沒有，我是不是就沒什麼搞頭了？」

我說：「首先，現在沒有，不代表以後也沒有，現在就應該學會改變，而不是什麼都沒有，還那麼理直氣壯；其次，如果覺得自己沒什麼搞頭了，那就多去各大醫院的門口看一看，看看那些沒有病床的病人，看看那些面無表情的人，看看那些希望活下來的人，你就會知道，生命是這一生最好的恩賜。」

有一句話：「當你不想奮鬥時，去這三個地方看看：醫院、機場和火車站。」這些地方人山人海，這些地方的人三教九流，你會瞬間感覺到人和人的區別，也會感覺到生命是如此偉大。

其實，三十歲是每個人的一個關卡，是否能跨過，取決於你如何度過自己二十幾歲的每一天。

是否好過最直接的表現是：到醫院時，你是否可以從容。

我一直很喜歡一部電影，叫《遺願清單》。

電影中提出了一個問題：「倘若今天是你人生中的最後一天，你還有什麼夢想沒有實現，還有什麼事情後悔沒有去做，還有什麼事情一直在等？」

於是，每當我遇到厭世的人時，我都會建議他看這部電影。

事實上，每一天都有可能是我們人生中的最後一天，因為我們無法預測未來的一切，無法確定明天是不是會到來。如果你願意這麼想，那麼每一天、每一口氣、每一滴水，都會充滿感恩和珍惜。

我經常會這麼想，所以我會拚盡全力過每一天。我也經常想，如果我努力了，還是趕不上那些厲害的人，那也沒關係，至少要做到身體健康、心情愉快，比他們多活兩年。

人到頭來，什麼奢侈品也帶不走。生命，才是最好的奢侈品，而你值得最好的一切。

爸媽來參加我的新書發表會

在我二十九歲生日前，爸媽來參加我的新書《人設》的發表會。

那天，我請到了肖央。爸爸一直很喜歡他，來的前夜，爸爸發了則貼文說：「我去北京跟肖央一起跳《小蘋果》。」

我回覆了一句：「您真是我親爸爸。」

發表會很成功，除了妙語連珠的演講，還有一些很有趣的互動，就像是一個溫暖的聚會，有新朋友也有老朋友，在這座城市裡，大家的相聚顯得格外溫暖。

這些年，有幸我的新書發表會在朋友圈裡就等於品質的保證。舉辦一場發表會常常光是租場地，就要花費幾萬塊錢，每一場發表會幾乎都有重量級嘉賓站臺，輸出大量的新觀點，其間笑聲不斷，新知不停。重要的是從來不向讀者收費，所以總是一票難求。

這次的發表會也是一樣，人山人海，令大家十分難忘。但是在此之前，並不都是這樣的。

發表會結束後，我訂了一家餐廳，姊姊帶著小孩陪我和爸媽一起，大家吃了一頓飯。

我提議點一瓶紅酒。爸爸從來不喝酒，但也點了點頭，說：「今天陪兒子喝一杯。」說著，就倒了滿滿的一杯。

爸爸說他很高興，因為看到我這幾年的進步，他心裡很踏實。但他就表揚了我一句，接下來又開始不停地提醒我：什麼樣的東西千萬別碰，什麼樣的人一定要遠離，少說話、多做事，什麼樣的場合能不去就別去云云。

媽媽在一旁應和著，時不時把孫兒抱在腿上逗他玩。

我乾完了杯中的酒，看著北京的夜空，忽然問爸媽：「你們退休後，會不會來北京啊？」

爸爸很驕傲地說：「我們才不會呢，我們有自己的生活。」

媽媽說：「就是，來看看你們就好，留在北京就算了。」

姊姊問：「為什麼？」

媽媽說：「我們一來，你們壓力不就又大了嗎？只要你們開心就好。讓你弟弟多寫幾本書，我們也好多來北京看看你們。」

說完，我的眼睛紅了。

我的第一本書叫《你只是看起來很努力》，那家出版社沒有預算，說不然算了，別做發表會了。我說不行，既然出了一本書，必須要有儀式感，發表會要做，嘉賓要請，這個費用我來出。就這樣，我出了所有的費用，請了尹延老師、石雷鵬老師站臺。我出了不少錢，也請了很多人，僅僅為了辦一場發表會。

那一場發表會是在798藝術區的一個空間裡完成的，一晃已是四年，那時爸媽打電話給所有認識的北京朋友，說希望他們來給兒子捧場。朋友們以為是婚禮，後來一聽，不就是出了本書嗎，現在自費出書的人多了，他們才不去呢。

果然來的人寥寥無幾，但還好我準備得不錯，講得也挺好的。直到今天，對於這場發表會我記憶猶新。在演講前，我對著牆把演講稿講了一百遍，確保背下了每個字，才上臺。

這些年當老師自豪的是，自己從不怕在公開場合演講，但那時看到爸媽坐在底下，聽我講那些我講過一百多遍的故事，跟著陌生人一起笑，我還是有些緊張。

結束了北京的發表會後，我對爸媽說：「我想要去更遠的地方，分享給更多人。」

父親告訴我：「要不就別做，要做，無論多難都要堅持。」

第一年的簽書會很尷尬，沒有人認識我，也沒有什麼人讀我的書，出版社也不給預算。於是我對助理說：「我們自己解決。」

我們住過三十元一天的旅館，住過肯德基，在一家酒吧門口睡到天亮，但是第二天還是拍拍身上的塵土走進學校、書店演講，分享書裡的故事。我們一天吃一顆包子，見一群群不認識的人，就這樣堅持了一年。

我從來都不怕辛苦，那段日子，我一邊上課，一邊簽售，一邊寫作，一邊演講。誰要我去我都去，只要他給我一個機會。

還記得那是二〇一六年的一個下午，編輯對我說：「龍哥，朝陽公園有個書展，明天早上，你去不去？」

我說：「去。但是早上誰會來？還不是假日的早上。」

編輯說：「這是個機會，你到底去不去？」

我想都沒想，說：「去。」

第二天早上，我到了朝陽公園，臺下坐著十多個老先生和老太太，拿著拐杖，遛著鳥，還有一位手裡握著兩顆核桃，而我演講的題目是「你所謂的穩定，不過是在浪費生命」。

我心想這些老人都過了一輩子了，還浪費什麼生命啊？但牙一咬，還是講完了。

直到今天，我已經忘記當初講了什麼內容，但我記得有位老先生買了一本我的書說：「小夥子，你講得很好，我準備買一本送給我孫子，希望他跟你一樣優秀。」

我眼睛都紅了，對他說：「您破費了，我再自費送您一本。」

就這樣，那天我賣出了兩本書，有一本，還是我自己買的。

編輯後來跟我開玩笑，說：「十多位老人，你賣出去兩本，購買率接近百分之二十，很高了。」

我說：「可不是，多有才華。」

在二十幾歲的日子裡，我很感謝自己的堅忍不拔。我沒有什麼大智慧，只有一個優點，就是堅持，就是從來不停下前進的腳步。

隨著我去過的城市越來越多，堅持的時間越來越長，後來忽然發現，來我簽書會的人開始變多了。

他們有的拿著書，有的拿著信，有的帶著話，有的帶著淚。我知道他們並不是崇拜我，而是從我身上學到了那種堅忍不拔的個性，這些東西，他們也能用在自己的生活中讓自己變成更好的自己。

我在簽書會上聽過很多故事，那些眼淚，至今都歷歷在目。

我不敢在夜深人靜的時候寫下這些片段，因為每個人都有一個屬於自己的悲慘世界。但好在，我們都在堅持的路上，看到了曙光。

而我的文字，在那段日子裡，似乎給予了他們力量。這些力量，穿越到遠方，從我的書桌，來到了他們的課桌，從我的心房，來到了他們的心臟。

我在他們的書上寫下祝福，就像當年我在一無所有時鼓勵自己一樣。

一晃眼，我在這條路上已經走了四年了。一般情況下，作家寫完就結束了自己的旅程，要開始一段新的故事。而對我來說，寫完故事交了稿，一切才剛剛開始。

這些年，我一直想多去外面看看，想聽聽那些看我書的人是怎麼說的。於是，雖然沒有合約的限制，但我經常主動要求去跑跑簽書會，見見遠方的讀者。

我的創作很主動，從來沒有編輯催我交稿，我沒事時就在寫作、讀書。因為只要我創作出作品，就又多了個理由讓爸媽來北京，讓自己去見那些久違的朋友。

其實簽書會的時候，每天都很累，從一座城市到另一座城市，只停留一天，我幾乎都是在高鐵、飛機上睡覺的。但只要看到讀者的微笑，我就總會覺得這些都是值得的。

在我二十九歲生日那天，老媽對我說：「我們也就是藉著看你發表會的名義，來看看孫子。你多寫，只有這樣，我們才有機會來北京。」然後，又笑笑說：「反正我也不看書。」

後來爸爸告訴我，我才知道，每次媽媽都戴著老花鏡看我的書，一個字一個字地閱讀，只為了在方便的時候，給我提提意見。但她從來不說，因為她知道，我已經不是當年的自己了，對於我走的路，他們已經無能為力了。

這麼多年過去，我快三十歲了。而姊姊的小孩也快兩歲會走了，再過一段時間，或許他就會說話了。

我真的好希望他快點長大，能看懂我的作品，能跟我聊天，我能教他追女生，能教他讀書認字；但我又不希望他長大，因為他長大了，爸媽就老了，而我們也要邁入中年。

時光啊，就是這麼矛盾，溫柔而殘忍。但生活還要繼續，我們還要堅強。

北京的簽書會結束後，父親煮了碗蓮藕湯給我，我一邊吃，一邊和父親聊天。我想起小的時候，我和姊姊也是坐在桌子上喝著蓮藕湯和父親聊天，不同的是原來是他說我聽，現在是我說他聽。

他笑著點頭，不停地問我：「湯好不好喝？」

我說：「還是家的味道。」

父親說：「看到你瘦下來，我很高興，說明你開始運動了。」

母親說：「再少熬點夜會更好。」

其實，我和父母相處的日子並不多，我成天在外忙碌，而人越長大，越會明白這麼一個道理：你必須要和家人說再見，和熟悉的事物漸行漸遠，這就是成長，你要跟過去割裂，看到更遠、更大、更新的世界。

每次出完一本書，總會有人說：「李尚龍，你產量真高啊！」我不以為然。第一，我只是比別人更努力，我時刻都在創作；第二，我只是從來不透過寫自媒體文章賺快錢，我把全部精力都投入在了創作中。

最重要的是，我只要還能創作出作品，就能找個理由讓家人團聚，就能找個理由讓這麼多年不聚的朋友相逢，就能找個理由和我的讀者見面。對我而言，這些比出書本身的意義更大。

我常常遇到許多讀者在第一次見我時，處在人生的低谷；第二次見我時，考到了某所學校，送給我一件那所學校的T恤。我也經常會看到，曾經愁容滿面的同學，現在成了別人的妻子，抱著孩子對我說謝謝。

我們都在時光的長河下，達到了自己希望的目標。所以我是不會停歇的，無論別人說什麼，無論別人怎麼看，我們過的是自己的一生，自己堅韌不拔的一生。

我經常會感謝這個時代，它能讓我的光照亮身邊看不見的地方，能讓我的熱傳遞到更遠的地方，也謝謝你們，和我一起，一直在路上。

第五章

那些激勵人心的故事

我請你吃頓飯吧

在哈爾濱出席活動時，我接到了大林的電話，她說：「龍哥，我請你吃飯吧。」

我開玩笑說：「妳一個小女孩，還在讀書，請我吃什麼飯？直接給我錢吧。」

她說：「求求你了，讓我請你吃頓飯！欠你好久了。」

我看了看錶，也到了吃飯的時間。

我說：「好吧。那這樣，妳訂餐廳，我請妳吃飯。」

她訂了餐廳，我們見了面，她還是那個小個頭，但是特別會吃。

吃完飯，我對助理說：「去把單買了。」

助理走到櫃臺準備付錢時，服務生就說：「先生您的單已經買過了。」

「誰買的？」

「那個小女孩。」

我瞪著她，她笑嘻嘻地說：「這是我打工賺的錢。」

大林應該叫我舅舅，雖然她只比我小幾歲。我對親戚之間的這種稱呼充滿著疑惑，所以大林一開始叫我舅舅時，我立刻糾正她：「叫龍哥就好，別亂叫。」

她說：「我沒亂叫。」

她的家在河南省信陽市的光山縣——我父親出生的地方，父母都是農民。

那是一個很窮的地方，幾年前還被列入貧困縣，但卻有著非常高的政府行政大樓，這種反差，令人覺得奇怪。

大林也是在那兒出生的。

我的表姐在當地的一所中學當老師。大林讀高中的時候，每天來得最早，幫她和其他老師發作業；走得最晚，幫同學打掃教室。大林的眼睛銳利，只要看到教室裡有一點廢紙，她就撿起來放進口袋，然後走出教室，扔到垃圾桶裡。

有一天，表姐問她：「為什麼每天回家這麼晚？」

她說：「因為家裡不太適合讀書，想在學校多讀一會。」

表姐問她：「吃了沒？」

她說：「還沒來得及吃。」

表姐說：「那來我家吃飯吧。」

那是大林第一次去表姐家吃飯，她吃得碗底朝天，吃完趕緊收拾碗筷，把桌子打掃得乾乾淨淨。表姐覺得她很能幹，兩個人又特別聊得來，就收養了她，認她當乾女兒。就這樣，白天她在學校讀書，晚上去表姐家幫忙做飯。

這樣的關係保持了許多年，直到大學入試的那一天。

能在縣城脫穎而出的孩子，都要經過十分艱苦的努力，因為那是一座獨木橋，上面有著千軍萬馬。更何況，這裡是人口大省——河南。

她進考場前表姐告訴她：「妳是我們班唯一能上的希望，但是要放輕鬆。」

她點點頭說：「我盡力。」說完就進了考場。

大學入試結束後，我回光山縣看爺爺，表姐拉著大林見我，說：「尚龍，大林考上了。超過低標五十幾分。」

那是我第一次見到這個小女孩，她開口就叫我舅舅，被我嚴厲禁止了。

我說：「叫龍哥，我請妳吃飯。」

這是第一次，我們在一家飯館裡吃飯。我對大林說：「如果可以，盡量去大城市，那裡有更多的可能。」

大林問我：「可是，在大城市裡我誰也不認識啊。」

我說：「妳認識我啊。」

她說：「我不敢去北京，那裡離我乾媽家太遠了。」

表姐說：「傻女孩，那裡才有發展啊。」

我想了想便打電話給父親，然後告訴大林：「我的建議是報考武漢大學，如果分數不夠想保險一些，中國地質大學也行。上這兩所學校，你在畢業後會非常有發展潛力。重要的是，離我家近。我父母可能會幫上忙。」說完，我去把單買了。

大林笑著對我說：「龍哥，以後等我賺錢了，我也要給你買單。」

我點點頭，開玩笑地說：「那我不還得等幾十年？」

大林來到武漢的時候，剛好是我離開武漢去北京工作的時候，也是姊姊在國外讀書的時候。家裡沒人照顧兩位老人，所以她三天兩頭就到我家，幫我父親做家事，陪我母親聊天。只要我打電話回家問爸媽身體如何，他們就總是告訴我：「有大林在呢！」每每聽到此，我的心裡就感到很踏實。

大林是個踏實的女孩，無論到哪兒，眼裡都有活力，也都帶著踏實。

所以只要我回武漢，我就會請大林吃一頓飯，有時候是大魚大肉，有時候是山珍海味。每次吃完，大林都笑嘻嘻地看著我，說：「等我以後賺錢了，我也要買單。」有時候，她還會傻傻地幫餐廳打掃一下。

我一邊制止，一邊開玩笑地說：「好。那我可要多活幾年。」

她學的是專業英語。念大學時她沒有浪費時間，畢業那年，已經考過了英語四級和專業英語八級。我經常會列一些書單給她，她一本都沒荒廢。這大學四年，值得了。

她經常對我說：「我念大學的時候好像什麼事也沒做。」

我總笑著對她說：「別亂講，你應該看看其他人都在做什麼，就知道自己什麼都做了。」

在這個時代裡，許多學生不是上大學，而是被大學上了。其實大學四年，你並不需要做太多驚天地、泣鬼神的事情，你只需要過好每一天，把該學的技能學會，該考的證書考到，為自己負點責，多讀幾本書，多去上幾次體育課，這四年往往就不會白過。

現在的許多大學，更像一個收容所，把學生關在裡面四年，學生出來後，還是什麼也不會。

大林考過專業英語八級後，已經是大四的上學期了。

她確定了一件事：自己真的不喜歡英語。

於是，她決定考研究所。

大林先是報名一個補習班，接著找到所有專業課的資料，一道題、一道題地弄懂。

然後，她每天花十幾個小時在圖書館裡看書、寫測驗卷、背單字，學累了就回到家裡，幫忙做點家事。

她說：「準備考試時，做家務也是一種放鬆。」

當一個人全心全意投入一件事時，時間就會過得飛快，心理學把這種感覺稱之為「心流」。

半年後，大林進了考場。又過了兩個月，大林發訊息給我：「龍哥，我考上了哈爾濱工業大學的財務管理專業，我要去東北啦。」

我笑著回覆她：「怎麼了，這回不想家了？」

她說：「讀完研究所再回來嘛！」

人就是這麼成長的。就這樣，我又請她吃了一頓飯，恭喜她考上了研究生。

後來，爸媽告訴我，她離開武漢的時候還哭了，說從小到大，從來沒有人對她這麼好。爸爸對她說：「那是因為妳又勤快又好學啊，因為妳好，所以妳值得被更好地對待啊。」

其實**生活就像一面鏡子，你如何對它，它就會用同樣的方式對你**。

你的微笑，最終都是笑給自己看的，就如你的堅韌，最終也是為了自己的倔強。

之後，我們在哈爾濱相見了，她一邊讀研究所，一邊兼職。

她偷偷地把單買了，還說下次她還要請客。

我在中央大街的咖啡廳裡，寫下了這段歷程，想起了這些年她給我講過的故事、對我說的話、她一路的成長軌跡和一直欠我的飯……

我知道，這個故事不驚心動魄、不波濤洶湧、不跌宕起伏，沒有青春電影那麼激烈。但這是一個從農村來的女孩，一點一點奮鬥的青春。

而真正的努力，其實很簡單，有時候，就是為了請別人吃頓飯。

這種努力，叫平靜的努力，而**平靜的努力，卻能換來波濤洶湧的青春**。

離別是為了更好地相見

這是他第三次背著行囊離家。

媽媽沒有像前兩次那樣，幫他裝滿行囊，臨走前再給他包上一個烤番薯。她只把他送到火車站，默默地說了聲：「加油。」

他是我的學生，第一次離開家時，他哭得稀里嘩啦，之後在北京為考試準備了一年，進考場後緊張到拉肚子落榜了。第二年他繼續北上，母親勸他留在家裡，他拒絕了，一個人來到北京，找了份工作。

生活把他折磨得死去活來，他本想中途放棄，但咬咬牙，堅持到了年底。

年底，公司發了一筆不多的獎金，他買了車票回家過年。回到家的他面無表情，年剛過，他就收拾起行囊，離開了家。

母親的那聲加油，是一聲鼓勵，也是一聲問候。短短兩個字，溫暖而滄桑。

來到北京，我問他：「這次，離開家時哭了嗎？」

他說：「沒有，因為這次的離別，是為了更好地相見。」

我說：「怎麼說？」

他說：「下次回家，我會越來越好，我要幫家裡換一臺新的電視機。」

多麼簡單的願望，多麼樸素的理想。

我忽然明白，離別是人生的功課，相逢是許多人的希望。相逢無數，不如重逢。但每次重逢時，只有變得更好，哪怕一點點，生活才更有意義。而我們，就是為了這個，才離開家，外出奮鬥。

當老師的這些年，我聽到過許多關於遠行奮鬥的故事，他們都是從家到了外地，一個人平靜地奮鬥，孤獨地努力，有些人逐漸開始發光，有些人還在泥濘中尋找芬芳。

我曾在網上寫過：「孤獨是最好的升值期。」

這句話被我的朋友小樊寫在日記本上。每當夜深人靜時，她總會一個人戴上耳機，有時候翻開書，有時候拿起筆。工作累、學習苦，撐不住了，她就打開日記本，看看那句話：「孤獨是最好的升值期。」深夜永遠伴隨著孤獨。深夜襲來，孤獨彌漫，但燈光下的自己，總是那麼堅強。

有一次，小樊的耳機裡忽然傳出筷子兄弟唱的《父親》，瞬間她落了淚。她拿起電話，抖著手，撥通彼端的電話。

父親接了電話，問：「怎麼了？」

她忍著眼淚說：「沒事。我的狗還好嗎？」

父親笑了笑說：「狗很好，妳好嗎？」

她忽然笑了：「狗怎麼跟我比啦。」

寒暄了幾句，她要掛掉電話，繼續工作。

父親的最後一句話，是這樣的：「撐不住了，就回家。」

她迅速掛斷電話後淚流滿面。她知道，家是自己最後的港灣。

一年之後，她成了公司的小組組長，薪水翻了一倍，上司在提拔她時，只是簡單地說了一個原因：她進步得很快。

但只有她自己知道那背後的汗水和眼淚，她無非是希望，能對自己的青春問心無愧。

當然，誰也不知道，誰也不關心，只有她自己知道，孤獨是最好的升值期。

我想起自己第一次離開家，是在十年前。

第一年，生活就把我摧殘得支離破碎，我低估了生活的殘忍，高估了自己的堅韌。

我打電話給爸爸說：「我撐不住了。」

爸爸很簡單地回覆道：「那能怎麼辦？」

慢慢地我明白了，自己已經長大了，就算是父親，也不會再像童年時那樣，抱起坐在地上哭泣的我。因為，他根本看不見我正在哪裡哭。

後來我明白，人終會長大，人總要離家，哭解決不了問題，哭著跑才重要。

你要奔跑，要努力，要飛翔，要破繭成蝶，跑完再哭，那才是英雄應該有的格調。

春節過後，又是一次離家潮。我知道會有人在深夜流淚，每到這時，我都想把父親說過的那句話送給他們：「那能怎麼辦？」

更何況，在路上的人，誰還沒有在深夜痛哭過？記住啊，只要哭過之後繼續跑就好。

請你不要停下前進的腳步。我們都知道奔跑時很累、很苦，但為什麼還要跑，因為你只有跑，才能體會到休息時的爽快，就像你只有吃了學習的苦，才能體會到生活的甜。

所有的孤獨，都是為了更好地相聚。所有的離別，也是為了更好地相見。願離家的你，能變得更好，然後在新的一年裡，更好地回家。

考壞了，生活也不會被毀掉

在往目的地的路上，我擠進人群熙攘的火車站。

正逢端午假期，人多到讓我感到麻木。我聽著音樂，一點一點往前挪動。忽然，我感覺背後的包被人打開了，我驚了一下，下意識地一巴掌朝著後面拍打。這一巴掌，打到了後面那正在偷我錢包的婦女的手臂上，一件東西從她懷裡脫落，徑直地掉落到地面，我定睛一看，竟是個孩子。

我嚇了一跳，立刻蹲在地上，伸出了雙手接住。好在我反應快，要不然這孩子就被我打到地上了。

我冒出一身冷汗，瞪著那個女人，怒喊著：「妳這是在幹嘛？」

那個女人這才反應過來，從我手上奪走孩子，喊著：「你打我孩子。」

我剛準備解釋，旁邊一位穿著西裝的男士看不下去了，說：「都當媽了，還做這種事，要不要臉？」

那個女人惱羞成怒喊著：「要你管！」

我把包背在前面，立刻檢查東西，錢包還在，我繼續瞪著她，沒說話。她又嚷嚷了幾句，抱著孩子，跑了。我沒有報警，因為我害怕把她抓了，孩子沒人照顧。到了候車室內，我開始看手機。

這可巧了，原來那天是大學入試的第一天。我愣在原地，看著熙攘的人群，他們接踵而至，眼睛裡充滿歸鄉的喜悅，而我想起那個差點掉在地上的孩子。

當他長大了，這個世界會怎樣對待他？他能否脫離那個家庭？他能不能離開自己所在的環境？他有沒有辦法不要成為他母親那樣的人？他能跳脫現實嗎？如果有可能，具體應該怎麼辦呢？

前陣子我讀了日本作家三浦展的《下流社會：新社會階級的出現》，我忽然想起書裡的一句話：「父母階級較低的高中生，往往有較多的人自認為在學習之外能力較強。」

這孩子會不會長大後，更容易學會偷盜？在未來，等待他的，將會是什麼？

在思考中，我的思緒穿越回了我大學入試的那一年。

我是在二〇〇八年參加大學入試的。

那年大學入試制度混亂，我們社區裡幾個考試成績長期在三百分的人，他們的父母找關係，拿到了體育專長生的名額，最後進了最好的學校。

我家裡沒有關係，父母從小告訴我，我只能靠自己。但直到今天，我才知道父母的用心良苦。因為靠自己，永遠是最可靠的。那幾個靠著父母進入大學的，重修的重修，重考的重考，又不得不再一次求助父母。

我們那一批沒有背景、沒有關係的，就是靠著努力學習參加大學入試，考到大城市，實現命運轉變的人也不在少數。

的確，大學入試制度有很多問題，但從某種角度來說，這個考試很公平，因為就算取消了大學入試，也會有其他考試來代替它。當你無法改變一件事情時，努力適應並爬到最高處也是一種能力。

寄出成績單那天，幾家歡喜，幾家愁；幾人歡笑，幾人流淚。

我清楚地記得，三個從農村來的同學拿到成績單時的表情，他們的臉上，表露出了從未有過的希望。後來，他們跟我一起去了北京。

直到今天，也就是十年後，他們一個成了飛行員，一個在華為成了高級工程師，另一個出了國，在哈佛大學拿著全額獎學金讀博士。

而他們的父母，你敢相信嗎？他們曾經還面朝黃土背朝天，十年過後，他們都被孩子接到了大都市裡。

追溯到十年前，是大學入試，改變了他們的一生。但是有人歡喜，就有人愁。大學入試是個分水嶺，把一些人留在岸上，而另一些人，還在河裡。每年，都有學生因為大學入試失利跳樓自殺，我們那年也有。

我們隔壁學校有一個重考生，從二十層的高樓一落而下，失去了十九歲年輕的生命。

我曾經對比過美國教育和中國教育的不同，思考過為什麼美國的高中生裡很少有人自殺。原因是無論是SAT（俗稱美國大學入試）還是托福、雅思，一年都可以考很多次，你考不過，下個月再來，你的機會足夠多，只要及格了，你就可以上學。這樣孩子就不用孤注一擲，當一個孩子不用一年一年地孤注一擲時，他就不會痛不欲生，更不會輕生。

但我們國家的人口太多，資源有限。

我曾多次在演講中提出，希望中國的大學入試制度可以改革，不要一考定終身，如果可以，要多給大家一些機會，別把這些青春的孩子弄得太絕望。

但我還要說回來，無論大學入試制度有什麼問題，這也不是一個人自殺的理由。因為生命是理想的載體，沒了生命，什麼理想都蕩然無存。因為有血有肉，所以有靈魂、有愛情。

生活中還有很多次考試，一次考試失利，千萬記住：沒有關係。你還有一腔熱血，你還有熱烈的青春，這些都能讓你做夢，能讓你有所成就，能讓你遠望，能讓你遇見不一樣的人生。

只要人在，總能逆風翻盤，誰也阻擋不了你去飛翔。

我想起二〇〇八年拿到成績單的那天，有幾位同學的臉色很難看，甚至充滿著對未來的絕望。大學入試的失利，讓他們覺得生活不再有意義了。

這其中就包括我的一位好朋友。我們拿到成績單的那天，下了一場大雨，他偏不撐傘，在雨裡咆哮，製造出一種悲涼的感覺。結果大雨淋了他一個小時，第二天他也沒發燒，自己給自己加的戲，沒了劇情，而我卻因為陪著他感冒了。

之後他約我吃飯，我在六月份穿著羽絨服陪他吃串燒，他說了一句我此生都忘不掉的話：「考壞了，生活也不會被毀掉。」

他報考了一個當地的學校，選了一個一般的科系。但是，他的生活並沒有被毀掉，他知道高中結束了，大學才剛剛開始：競爭還在繼續，生活還要持續，夢想還要延續，青春還有後續。

大一那年，他就通過了大學英語四六級的考試。大二他參加各種競賽、考各種證書。大三他參加托福和ＧＲＥ（美國研究生入學考試），一次考不過，他就考兩次；畢業後，他被加州大學柏克萊分校以全額獎學金錄取。

現在他在杜拜的一家駐外公司工作，一個月的薪水有兩萬美金。（希望這位朋友看到我的文章時，記得賠償當年我的醫藥費。）

前陣子我參加了高中同學會，我去得比較早，仔細了解了同學們的發展：有些人大學入試成功，現在卻混得很差；有些人大學入試順利，現在也不錯；有些人大學入試失敗，現在過得也不怎麼樣。

但他是例外，當年他大學入試失利，現在卻走出了自己的路。

那天我們聊了幾句，他就回去加班了。我想起在大學入試後、在那場大雨後，他對我說的那句話：「考壞了，生活也不會被毀掉。」

因為人這一生，是要持續奮鬥的，是要終身學習的，是要永遠前進的，一次失敗不算什麼，持續奮鬥、終身努力，才是自己的超級英雄。

請記住，一次考試，決定不了你的一生，沒有到不了的明天，就算你前一天晚上哭得痛不欲生，第二天這城市依舊車水馬龍。

決定你一生的，是你看待自己的眼光，和是否有持續進步的決心。

安妮特．拉魯在《不平等的童年：階級、種族與家庭生活》裡提到，在美國，不同階層的家庭會採用不同的教育邏輯，最後孩子們獲得了不同的文化資本，這塑造了孩子們的未來。

我們改變不了自己的家庭，但能透過學習改變自己的未來。

如果那個孩子長大了，大到能聽懂我的話，大到開始明白自己的生活圈出了問題，大到想要做些改變，那麼我想跟他說兩句話：

第一，請一定拚盡全力準備考試，這是能讓你打破現在惡循環生活的最佳方式；第二，就算考壞了，也別忘了終身學習，這個方式比最佳方式還要好。

寫在中年危機前

深夜，朋友小西找我到樓下喝酒。

我一看錶，已經一點多了，我剛做完當天的教案，於是穿上衣服下了樓。他知道我沒睡，因為每天這個時候，他身邊的朋友裡，就只有我還在家裡寫作。

我們點了兩杯「單一麥芽」度數最高、口感最柔的酒，喝了一口，又喝了一杯，一杯下去，又喝了一瓶。喝著喝著，他哭了起來。

他今年剛滿三十歲，年初把父母接到了北京。妻子沒有工作，全家的經濟壓力都靠自己來扛，前陣子，才喜獲千金。

別人眼中的喜，是他心裡的難。

他說，白天在公司裡當孫子，晚上在家裡當孫子；生活不易，工作艱難；前方的路難走，背後的家難扛。

忽然有一個小生命來到人世間，每天哭鬧，忽然母親病了，和媳婦吵架了。上午母親看病，自己請假帶她去醫院，上司把今天沒完成的工作寄到他的郵箱裡，他回到房間，戴上耳機，剛剛做完工作，就已經十二點了。

每天只有等妻子、孩子睡了，父母關燈了，自己才能走到書桌旁，拿起一本書，簡單地翻上兩頁，但很快睏意襲來，他強忍著不入睡，因為只有這個時候，才是一天中唯一屬於自己的時刻。

他說了一大堆，之後看了看錶，起身要走，因為明早還有高峰會議。我說好吧，我一個人再喝一會兒。說完，他起身離開了，留我在暗黃的燈光下繼續喝著剩下的酒。

我轉過頭，看著鄰座一個穿著西裝的男人，對著燈，品著杯中的烈酒。他一邊喝，一邊在一旁的筆記型電腦上打著什麼，這景象好中年人生的畫面。我看了看錶，已經三點了。

其實，小西不是第一個在我面前痛哭的男人。正確來說，已經有太多人，喝著喝著，忽然淚流滿面。這些年我很害怕別人哭，因為哭不過是表現形式，這背後的痛苦必然是長期累積，才會被突然地表達出來。可是，我精力有限，又怎麼來得及了解每個人背後的苦衷呢？

隨著年紀的增大，人們越來越容易懷念二十幾歲的自己，雖然那時我們都希望快點長大。

三十歲，是一個上有老、下有小的起點，也是一個容易在工作上遇到瓶頸的時期。很多人都知道，如果不用盡全力飛翔，必然就會被卡在瓶口，出不來了。但事實上，還是有許多人就被卡到了瓶口，動彈不得。

所以小西中年容易焦慮，這是很正常的。看看身邊的人，要麼熱中投資，要麼著急減肥，要麼為了知識付費學習，還有外遇出軌。其本質的原因，都是焦慮：害怕錢不夠，害怕形象差，害怕能力不行，害怕感情變淡。

但焦慮並不能解決問題，我說過：「**打敗焦慮最好的方式，就是趕緊去做那些讓你覺得焦慮的事情**。」我總想對你們說：「**去做，總比等待要好**。」

可是大多數在我面前哭過的人，並沒有調整，就焦急地開始了第二天的生活。接著，他們循規蹈矩、一模一樣地過了二十四個小時，四十八個小時，九十六個小時……最後他們在生活的擠壓下，再一次流淚。抬起頭，面對的又是一個一模一樣的明天。

這是你要的中年生活嗎？

在美國，有這樣一種類型的電影，叫「中年危機電影」。美國的電影部門分析過，打敗中年危機有兩種方式：第一，外遇；第二，工作或生活上有突破。

我們可以理解，外遇並不能解決中年危機的問題，有了小三，就只能透過「小四」來持續突破，這樣必然是惡性循環。

打破中年危機的最好的方式只有一個：持續不斷地突破自己，讓自己變得更好。

這句話聽起來簡單，但做起來很難。因為，三十歲剛好是一個工作上不去、下不來的狀態，一個人往往在一個行業裡待了八年，有了一定的經濟資本和財富資本，雖然不多，下不去，可是，上去也難。許多人就是這樣，在中間，卡著卡著，就卡住了。或者說，卡著卡著，就習慣性地上不去了。一個人一旦習慣在一個地方不上不下許多年，再讓他突破自己，就難上加難了，因為人都是有惰性的。

分享一位朋友的故事，兆民老師。

我在二十八歲的時候，認識了三十六歲的兆民，兆民老師的生活，給了我很大的啟發。

二十二歲時，他從北京廣播學院畢業，在體制內當記者和主持人，一當就是十多年。他覺得生活穩定、衣食無憂，但誰也想不到，一次意外事故讓他在直播時發不出聲音，從此他的事業開始走下坡路。他曾經告訴我，連在食堂吃飯，都有人議論：「就是那個人，直播時說不出話。」而那時，他剛剛三十歲出頭。

但生活沒有打垮他，他一不做，二不休，遞交了辭職報告。回到家，他開始悶頭寫書，想把這些年自己在職場上的一些說話心得寫下來——既然說不出來，那就寫下來吧。

為了不給自己留後路，他賣掉了北京的車和房。別人問他為什麼，他說：「我不想給自己留下那種中產階級的優越感，我想要更多，所以，我要打破我擁有的全部。」

我不知道這需要多大的勇氣，但兩年後，他寫出了兩本暢銷書《所謂情商高，就是會說話：日常生活版》和《內向者的溝通課》。他也終於不負己望，成功地跨越到了另一個領域。就是因為這樣，我們相識了。

我們還認識很多在三十歲時忽然跨越到另一個領域的人，看似是奇蹟，但仔細看來，他們無非具備這樣幾個特點：不滿現狀、持續努力、持續行動、一直在路上。

而一個一直在路上的人，是不會有中年危機的。

我從二〇一五年開始寫作，你們都說我筆耕不輟，其實這無非是一個堅持的問題，在別人都在接廣告賺錢、寫網路文章、衝流量的時候，我在埋頭寫書。每次跟朋友喝完酒回到家，如果還沒喝醉，我都會打開電腦，寫下那時的感覺。

我記得劉媛媛調侃我說：「你是一起玩耍，獨自努力。」

我說：「我才不是，我只是害怕一個人的孤獨，所以每到深夜，總希望讓文字陪我走得更遠。」

很多作家朋友說我產量高，非常能寫，必有天賦。但他們不知道，如果一個作者的每本書都能成為百萬級別的暢銷書，每本書都能有比較高的品質，那麼我想原因更多不在於天賦，而是他一直在路上。

直到今天，我依舊還在創造，沒有躺在成績上睡覺。

你可能不知道，我時常一個字也寫不出來，坐在電腦旁，寫了兩個小時，只有一行字，之後還刪掉了。

但至少，我還在路上，並且從未停歇。

我只想告訴你：「三十歲不是終點，而是一個人剛剛開始奮鬥的年紀。」

這些年，我其實走得很慢。但看看那些我們曾經羨慕的人，有多少還活躍在我們的眼前？沒有了吧。

該你賺的錢，站著賺；不該你賺的錢，別貪。不是你的，你越追求，詛咒越會大於保佑；而是你的，坦然接受就好。

有一次，我在車裡接到了一個電話，那邊一個陌生的聲音高聲喊道：「是尚龍老師嗎？我想跟您談一個合作，我想投資您的戲一億……」

他還沒說完，我就掛掉了電話。

小西你很好奇問我：「尚龍，你幹嘛不聽？萬一是機會呢？萬一真的給一億呢？你不喜歡錢啊？」

我說：「我是不喜歡錢，我愛錢，但我知道，我這一生跟一億無關。我越追求不屬於我的東西，到頭來，必然是『劍走偏鋒』，刺傷自己。不屬於我的，越追求，越容易被詛咒。」

你當時還不信，可是現在你看看，我的哪件事跟一億有關呢？

這是我這些年一直遵循的準則：走慢點，但不要走錯。

這個世界的試錯成本正在越來越高，一旦錯了，就容易被牢牢地釘在恥辱柱上。所以，想明白再做，很重要。

你看，付費的知識課程最熱門的時候，有人拿著現金來公司找我，希望我開一門課。我說：「我什麼也不懂，不能害這些孩子啊。」我拒絕了。

比特幣最紅的時候，天天有人找我吃飯，讓我背書亂七八糟的幣。我說：「我根本不懂，讓我背書什麼？」於是，我也拒絕了。

電影和網劇最紅的時候，我把《刺》的版權賣了一塊錢。我說：「因為這個故事能改變人，雖然在經濟上有損失，但它能讓我過得了心裡的那一關。」

在我的社群媒體裡，每天都有人找我廣告，出的價碼非常高，連我的編輯都拚命要我接。你還記得他們背著我偷偷接了幾個後，我發飆的模樣嗎？我開除了好幾個編輯，現在無數人說我的排版難看……因為我都自己排。

我清楚地知道，如果連你自己都不明白這個東西，那怎麼能讓相信你的人去買呢？直到今天，我都不後悔，我感謝那個時候的自己，選擇應該選的，拋棄不應得的。

我雖然走得很慢，但我沒有走錯；不著急，反而獲得的更多。

這些年，那些賺快錢的人，都遠離了我。

我曾經在演講中批評過那些「唯流量論」的朋友，他們動不動就說自己的一門課價值幾千萬，說如何讓人月薪五萬，文章裡動不動就充滿著汙言穢語，標題裡隨意表達著對性生活的隨便。

我說：「這些錢賺得不體面，這些課開得無恥，這些文章寫得不要臉。」因此，許多人都把我封鎖，最後還留下一句：「寫作不就是為了賺錢嗎？」

寫作僅僅是為了賺錢嗎？

寫作從來就不是為了影響世界，而是為了安頓無處安放的自己；工作也從來不僅僅是為了生存和苟且，還有熱情和熱血。

只要你盯著事情做，把事情做好，錢不過是額外的禮物。你只注意錢，壞了的是良心。後來我發現，懲罰他們的人從來輪不到我，時代會懲罰他們的。

一些人被貼上汙名，一些人被罰款，還有一些人雖然還活著，但他們再也賺不到錢了。

因為既然你選擇了賺快錢，還那麼努力，所以時代也一定會讓你賺一筆錢，但是只有這一筆，到手你剛好人到中年，焦慮就來了。

我一直覺得，人要有遠見，你要問問自己，所從事的行業、所做的事情，是不是一碗只能吃幾年的青春飯，是不是到了三十歲後就不再有競爭力，是不是到了三十歲就做不動了。如果是，你就應該提前做準備改變，否則，中年危機必然會提前到來，生活的壓力，一定會打得你束手無策。

青春飯可以吃，但當你有了一些資本時，一定要抽空想想，今後的日子要怎麼過，人到中年時，還有沒有更好的突破自己的路，還有沒有更多的可能。

這些路，越早準備，越不會那麼被動。

二十幾歲時，我當了英語老師，每天上十個小時的課，有時候寒暑假，一連就上兩個多月。但在一個夜裡，我忽然意識到：一定會有那麼一天，我講不動課了；一定會有那麼一天，我的身體出現了問題。

那，我應該做點什麼？

於是，我開始調整，開始做更艱難的選擇。

隨著我們的努力，我們有了自己的公司，我也從一個老師，逐漸轉型，一邊寫作，一邊講課。

我今年跟你一樣，也三十歲了，但我從來沒有焦慮過。

不是因為我有多麼厲害，而是因為在路上奔跑的人，往往不會焦慮，因為他們專注於未來，來不及讓自己焦慮。

我知道，有一天，我的中年危機也會來臨，但一定不是在我三十幾歲的時候。

因為對我來說，這一切，才剛剛開始。

後記

關於本書的這些那些

那位啟發我寫書的三十歲編輯

我記得那天晚上，我和那位同鄉的編輯，是第一次見面。聽說她想和我合作一本書。

她帶了瓶很好的酒，我們一邊喝一邊聊。酒真是個好東西，喝著喝著，我們都放下了拘謹，開始天南海北地瞎扯。

她說：「尚龍，你知道嗎？我弟弟今年二十五歲，在大學畢業時拜讀了你的書，至今已經四年了，是你的忠實讀者。我想跟你合作是因為我弟弟說，在青春年少的日子裡讀了你的書，他的心態變得堅強了，生活也有了改變。他考上了研究所，現在在一家國營企業當主管。每次我們聚會的時候，他總對我說，龍哥說了什麼，龍哥寫了什麼，還鼓勵我一定要編一本你的書。所以我才想一定要跟你聚聚，帶了瓶好酒，看看有沒有可能成書，書名就以『三十歲，一切剛剛開始』這個方向。你看你這麼年輕就獲得了這麼多成就，明年的四月十八日是你的生日，這本書就作為你的自傳，也作為你三十歲的生日禮物，你覺得如何？」

我聽得頭皮發麻，因為當聽到明年我就三十歲的時候，瞬間就醒酒了。當聽到三十歲就要我寫自傳的時候，我差點暈過去。

但那天畢竟喝了別人請的很貴的酒，我也不能發脾氣，只能微笑地點點頭。

她繼續說，說得深情又激動，然後她繞回到了這本書，說了很多關於這本書的構思。她說了很多話，直到最後我才聽懂，她所有想講的話，其實都是講給她自己聽的。

她今年三十歲，工作遇到瓶頸，有兩個孩子，丈夫長期出差，而自己十分迷茫。她希望知道，別人是怎麼過日子的；她也想讓自己的弟弟知道，這個叫李尚龍的傢伙在二十幾歲時，是如何度過了自己的青春。哪怕自己沒有辦法再回到二十多歲重來一遍，至少，弟弟和更多年輕的朋友，可以看到這個被稱為「龍哥」的人，是怎麼在二十幾歲時揮灑自己的汗水和淚水的。

那天晚上，我聽到她的笑、她的淚，她的吶喊、她的彷徨，還有她在三十歲這個不尷不尬、也不突出的年紀想對世界說的話。很快，一瓶酒就喝完了。我想，反正她也拿不走了，我可以講兩句了，於是我停了一會兒說：

「我不想寫自傳，我想寫一些這些年的感想。不是教育他人，不是自我闡述，而是有些想法，想跟身邊的朋友聊聊，就像我們今天這樣一邊喝著酒，一邊聊著天。」

她點了點頭。

我繼續說：「這本書我會寫，但請允許我慢慢來。」

就這樣，我開啟了漫長的旅程。在這一年裡，我對著電腦一個字、一個字地敲，對著深夜一行話、一行話地打，對著空無人煙的書房一段話、一段話地寫。我一邊上課，一邊跑簽書會，一邊在高鐵上、飛機上、酒店裡、咖啡廳裡，寫下那些想對別人說的話。後來才發現，我和那位編輯一樣，每一句話都是說給自己聽的。

後來，這位編輯還是等不及我的稿子辭職了。

她去了哪裡，我也不知道。

但在我寫這篇文章時，她對我講過的話仍記憶猶新，喝過的酒好像還在胃中晃蕩。

三十歲的艱難、人到中年的焦慮，是每個人都無法阻擋的。跳槽跟換行業是每個中年人所經歷再平常不過的事情。

我沒有再聯繫她。因為，雖然科技使人和人越來越近，近到只剩下人和手機的距離，但人和人的心越來越遠，遠到你不知道該對一個一起喝過酒的人說點什麼，遠到就算兩人手機加了朋友，一年也很難聯繫一次。

但我感謝她。這本書，如果沒有她，或許不會問世，也不會被人讀到。

雖然她已開啟新的篇章，但可惜，我的工作還沒結束。

很快，我決定重新開始。在這裡，我要感謝「博集天卷」的編輯李彩萍和總監蔡明菲，如果沒有你們的鼓勵，我不會再次打開這個檔案，開啟下一行字的書寫。

那個晚上，我喝了幾杯酒，回到家睡不著，打開了電腦。於是，我決定再次進入這本書的字裡行間，進入我三十歲前的回憶，開始一個字、一個字地走進這本書的世界裡。

我在家待了一會兒，又去了那家我熟悉的二十四小時營業的書店。那天，我在書店寫到了淩晨。恰好，我的好朋友導演李楠也沒睡，他來到書店，我們聊了一會，他很詫異我的作品竟是一個人寫的。

我也詫異地問：「難道不應該是一個人寫嗎？」

他說：「現在很多稍微有點名氣的人，都有寫作團隊。」

我說：「我沒有名氣，所以自己寫。」

他誇我敬業，這嚇了我一跳：什麼時候，完成本職工作竟然變成了敬業？這個世界，真是又可憐又可笑。

寫作不是為了名利，而是為了找到回家的路。

他說看我這麼苦，也幫不上什麼忙，就陪我喝一杯吧。

我們跑到五道口的一家還開著的酒吧，開了兩瓶啤酒，我對他說：「導演，第一，我不苦，因為我熱愛，熱愛的人不會苦；第二，有些路，只能一個人走，誰也陪不了。」

這些，都是我三十歲前學到的：

你要堅持你的正直，哪怕身邊的人都在走捷徑；你要堅持你熱愛的，哪怕周圍的人都覺得你很苦；你要堅持你的路，哪怕一路上只有自己一個人。

從那天起，我又拿起了筆，續寫了這本書。

很高興終於完稿了。我想，等你看到這本書時，這個作者應該已經三十歲了。這個叫李尚龍的傢伙，每天都在跟時間賽跑，他倒不是因為沒有多少日子了，而是希望讓自己的二十幾歲更精采一些。

這十年，大家知道的是，他參加英語演講比賽獲得了全國季軍，他在部隊立了二等功又決定退學，他在「新東方教育集團」當老師年年評分都是第一，他辭職創立了在線學習直播平臺「考蟲」，他寫的每本書都是超級暢銷書，他拍電影、電視劇，正在改變著自己和別人等等，其實這本書並不是要向你炫耀這些無聊的事情，這本書是想告訴你：

這十年，他經常在深夜大醉，淚灑街頭；經常不得不撕心裂肺地和親朋好友說再見；時常在上臺講一個小時課的背後，十幾個小時地自我折磨；曾經走在崩潰的邊緣；曾經在房租也繳不起的第二天就被女朋友甩了；曾經寫下的許多話，都是寫給自己看的；曾鼓勵別人的話，都是為了鼓勵自己。

在這個和時間賽跑的時代裡，我們只能戴著鐐銬跳舞，但幸運的是，這個傢伙明白，就算跳舞，也要讓鐐銬演奏出最美的節奏。

我今年三十歲，我跟很多人一樣，在這茫茫人海中也不會被認出來。從高處看，我也和別人一樣是一隻小螞蟻，但我對這個世界依舊充滿希望，對生活充滿期待。

因為三十歲才剛剛開始。

不要懼怕苦難，所有在二十多歲經歷的苦難，都是生活的恩賜。

歌德在一七七一年從史特拉斯堡大學修完法律，然後依照父親的安排，去了法院工作。二十三歲時，他認識了十九歲的夏綠蒂，看到她，彷彿向日葵迎向太陽，夏綠蒂的青春、美貌、純真深深地吸引著他。但讓他崩潰的是，偏偏夏綠蒂當時已有婚約，而未婚夫是他的朋友克斯特納，後來夏綠蒂和克斯特納舉行了婚禮。

歌德心情正在谷底時，除了和克斯特納交惡，又收到了一位好朋友自殺的消息。他心如刀割，痛不欲生。一瞬間，他覺得自己什麼也沒有了，萬念俱灰下，他決心自殺。

他想找一個美好的地方離開人間，於是他一邊找，一邊把自己和朋友的經歷交織起來，寫了一本書。

這本書穿越時空，現在就在我的書架上，叫《少年維特的煩惱》。也就是這本書，讓這個叫歌德的傢伙得到了威瑪公爵的賞識，在三十歲這一年就當上了大臣，受封貴族。最後，他活到了八十三歲，創作無數，成為傳奇。

請注意，當上大臣的那一年，他正好也是三十歲，跟我現在一樣。

所以，三十歲，一切剛剛開始。

苦難是對生命的讚美，就算到了低谷，人也會有出路，只要一個人還在路上，還在勇往直前。

二十幾歲受的苦難，都是為了今後，讓自己成為更好的自己。

這本書完稿時，我正在上海的街頭，吹著風，讓時光和故事流遍我的身體，而我默默地等待著三十歲的來臨。

我知道拿到這本書的你，或許比我的年齡大，或許比我年輕，但有一點是可以確定的，你一定跟我一樣，一直在路上，一直不滿現狀，希望自己變得更好，一直相信著善良、美好、堅持、幸福——這些一直被人們質疑的詞語。

我們是同類人，希望你們喜歡這本書。

這本書是一個一直在路上碎碎念的傢伙。這個傢伙，今年三十歲了，他還在成長，跟你一樣。

希望你在三十歲時，也能像我一樣，順風不浪，逆風不慫，一直在路上。

迎接三十歲的到來，只有更精采

我記得是在一個夜晚，我和兩位朋友，喝著喝著就喝多了。

不知道說了什麼，大家忽然劍拔弩張，好像是聊到了工作的不幸，或者是聊到了生活的不易。總之，好像到了一個年紀，大家都變得敏感又脆弱了起來。

說著說著，一位朋友哭了出來，他說了好多，但或許因為酒精的作用，我似乎什麼也沒聽清楚。大家自己說著自己的話，有時候激動，有時候眼睛裡竟然閃著淚光。

曾幾何時，瓶頸、壓力、危機這樣的話題，代替了女孩、成績和未來。

大家開始聊房價，開始聊小孩，開始聊婚姻，開始聊買了比特幣，虧了……我已經習慣了大家到了這個歲數，會有忽然的情緒崩塌，習慣了他們抱怨環境不好，抱怨公司領導的挑剔，話語裡甚至講述了自己家庭和生活的悲哀。

他們一邊吵，我也一邊陷入了沉思，我們這一代人，就這樣老了嗎？

就在這時，一通電話打斷了我的沉思和他們的爭執，那是我多年的朋友小西，他在電話裡說：「龍哥，我到北京了，你在幹嘛？」

我驚了一下，說：「你在北京幹嘛？」

他笑了笑，說：「你怎麼不看我貼文？我考上研究所到了北京，今天來報到。」

我掛了電話，把這件事告訴大家，說：「小西回來了。」

忽然，他們停止了爭吵，露出了微笑。大家重新開了一瓶酒，一邊喝，一邊等著小西的到來。

一個小時後，小西拿著一個包，來到了我們身邊。他胖了許多，精神狀態好了，但代價是他越來越胖。他一見到我們，就來個擁抱，然後拿起一瓶酒就喝，一口氣喝了一大半，說：「龍哥，我總算殺回來了。」

他的眼神，就好像還是十九歲那年夏天，我剛認識他時那般，充滿鬥志，寫著哪吒口中的那句話：「我命由我，不由天。」

我不記得那天我們喝到了幾點，但我記得那天北京的風吹到我們的臉上，我們都穿著短袖上衣和短褲，那風讓人覺得一切都那麼舒服，像是回到了過去，像是那股青春的力量又回到了身體中。

那天，誰也沒有再抱怨，大家談了好長時間的未來。

我抬頭看了一眼天上的月亮，它忽明忽暗，對我們眨著眼。我們一邊喝酒，一邊聊了好多過去的事，那些情節就像電影一樣，歷歷在目。而未來的理想就像在眼前那般，唾手可得。

小西說：「龍哥，十年前，我們在那個小房間裡喝著酒、吃著泡麵，你描述的生活，我們都實現了。」

我說：「十年後，我們還會實現的。」

第二天，我從床上醒來，忽然明白，誰還沒有點挫折和痛苦，生活還在繼續，還會有人抱怨，一代人終將老去，但只要還在路上，我們就依然年輕。

這本書，是我在三十歲這一年，送給自己的禮物。

它是對過去的總結，也是對未來的期待。

這些年我一直在寫作，同行們說我產量高，我只能笑笑，我哪裡是什麼高產量，我無非是把他們寫網路文章、接廣告的時間拿來書寫內心深處的聲音而已。雖然我沒他們有錢，但我為我的作品驕傲。

我看著的是路的前方，所以我從來不會迷茫。

到了三十歲，我越發感覺到身邊的人分成了兩類，一類人頹廢成了習慣，一類人依舊在改變。第一類人的生活一天不如一天，第二類人現在可能不是很如意，但每一天都在變得更好。

三十歲是一個分水嶺，在此之前，人們的思維很容易定型。比如，當看到一個昂貴的又想要的東西時，一些人覺得買不起，這世界真淒涼，一些人則會思考，我怎樣才能買得起；例如當遇到挫折時，一些人立刻歸因於這個世界真糟糕，一些人則抓緊在自己身上找原因。一些人習慣逆來順受，一些人熱愛反思總結。

「思路決定出路」，曾經認為多麼雞湯的話，竟然在時間的長河下，變成了赤裸裸的真理。很多我們不曾相信的話，都隨著年紀的增長，浮現在我們的臉頰上。

二十幾歲時養成的好習慣，都會在三十歲這個節骨眼上，無比地適用。比如堅持鍛鍊身體、讀書、對不懂的事情保持謙遜、要有追求的熱情、要有崇高感、要終身學習……

在寫這篇後記時，我又一個人來到了經常來寫作的書店，這像是一個儀式，每次當一部作品結束時，我都會推掉所有的局，一個人來到這裡，安靜地打開電腦。

這是一家二十四小時營業的書店，燈光永遠在亮，人流從未停息，好在北京的夏天比冬天好過，我可以一直寫，寫到天明。

我很慶幸，身邊的朋友雖然都進入三十了，但大家都屬於在路上的那一類人，就算走得很慢，卻從未停歇。

就好比小西，他畢業被分配到偏遠山區，在那邊得了嚴重的抑鬱症，但他始終沒有停下來，他走出了自己的痛苦，幾經周折，考上了北京的研究所。

他回來了，而我們，也在奔跑的路上。

就這樣，我們這一代終於三十歲了。

這聽起來是個悲劇，隨著時間的流逝，誰也無法避免繼續衰老，但好在，我們可以保持內心深處的年輕。

前些日子我在家寫作，忽然李楠導演發了訊息給我，他剛從外地拍完紀錄片回來，問我要不要一起吃大排檔。

我回覆他：「當然。」說完我穿上衣服，下了樓，搭上了車。

我們在路邊的大排檔點了好多串腰子，老闆認識我，還送了好多好菜，我們一邊吃一邊笑，我問老闆：「能不能給我兩瓶啤酒和一碗速食麵？」

老闆說：「吃那個不好消化。」

我說：「沒關係，就是想吃。」

老闆笑了笑，給我炒了碗速食麵。我笑著對老闆說：「我的胃太想念這些垃圾食品了，我的胃決定了我的地位。」

吃到一半，李楠問我：「你是不是好久沒這麼吃飯了？」

我說：「是的。」

這些年飯局越來越多，卻越來越少有機會在路邊跟哥們不為任何事，幾個人帶著青春，吃大排檔了。

這些年，自己彷彿越來越少有機會，放鬆地成為自己，不顧他人的眼光。

但好在，我從來沒後悔過這一路走來所做過的決定，因為每當我迷茫時，我都會問問自己為什麼出發。

勿忘初心，真的很難。

其實這些年，我每天都很累。公司從創業到今天，員工開始越來越多，我卻發現人心前所未有地渙散；寫作寫到今天，寫得越來越順，我卻發現突破自己越來越難；就連每次吃飯，吃得越來越好，我卻分不清這一桌人是敵是友。

但好在，我一直沒有忘記自己為什麼出發，當我迷茫時，我總會回到原點，去尋找那個剛剛出發的自己。

寫這篇後記的時候，又是一個快亮了的凌晨。這一次，這家書店裡除了我，只剩下一個昏睡的店員。

我想等到天亮時，忽然停筆，回家睡覺，這多麼具有戲劇性。

但寫著寫著，天已經亮了。

時光就是這麼殘忍，你以為可以和它和諧相處，卻不知道時光總是在你不經意間，照亮了你的面龐。

我從二〇一四年開始出書，在文學這條路上，已經走了六年，寫書是我和世界交流的方式，我把想說的，都放進書裡，我把想表達的，都塞進文字的小溪中。

我一直在寫，就像我一直在努力生活，一直在努力讀書、上課、磨練和思考一樣，我走得很慢，但是我從來沒有停止過。

一晃，我也三十歲了。這些年我有了很多讀者，我每年還是在努力地跑簽書會，僅僅是為了跟大家見個面。

見字如面，但見面更有意義。

謝謝你，一直在文字的海洋裡，陪伴著我。許多人都說我的文字陪伴過他們，可他們又何曾不是陪伴著我呢？

我會一直在路上，在路上等著你，我們一起走，走到時光的盡頭。

三十歲只是個開始，這新的十年，我想，我們都會活得更精采。

Eurasian Publishing Group
圓神出版事業機構
用心與你對話．網野無限寬廣
圓神出版社
Eurasian Press

www.booklife.com.tw
reader@mail.eurasian.com.tw

勵志書系 145

三十而已，最好的明天還在等你

作　　者／李尚龍
發 行 人／簡志忠
出 版 者／圓神出版社有限公司
地　　址／臺北市南京東路四段50號6樓之1
電　　話／（02）2579-6600・2579-8800・2570-3939
傳　　真／（02）2579-0338・2577-3220・2570-3636
總 編 輯／陳秋月
主　　編／賴真真
責任編輯／林振宏
校　　對／林振宏・歐玟秀
美術編輯／蔡惠如
行銷企畫／陳禹伶・朱智琳
印務統籌／劉鳳剛・高榮祥
監　　印／高榮祥
排　　版／莊寶鈴
經 銷 商／叩應股份有限公司
郵撥帳號／18707239
法律顧問／圓神出版事業機構法律顧問　蕭雄淋律師
印　　刷／祥峰印刷廠
2021年1月　初版

原書名：《三十歲，一切剛剛開始》
本作品中文繁體版透過成都天鳶文化傳播有限公司代理，經中南博集天卷文化傳媒有限公司授予圓神出版社獨家發行，非經書面同意，不得以任何形式，任意重製轉載。

定價 290 元　ISBN 978-986-133-738-8

挫折會讓你痛苦，但也會讓你更強大。

——《三十而已，最好的明天還在等你》

◆ **很喜歡這本書，很想要分享**

圓神書活網線上提供團購優惠，
或洽讀者服務部 02-2579-6600。

◆ **美好生活的提案家，期待為您服務**

圓神書活網 www.Booklife.com.tw
非會員歡迎體驗優惠，會員獨享累計福利！

國家圖書館出版品預行編目資料

三十而已，最好的明天還在等你/李尚龍著.
-- 初版. -- 臺北市：圓神出版社有限公司, 2021.01

256面；14.8×20.8公分 --（勵志書系；145）

ISBN 978-986-133-738-8（平裝）
1. 成功法 2.自我實現
177.2 109017577